Teologia da Redenção

COMISSÃO TEOLÓGICA INTERNACIONAL

Teologia da Redenção

Edições Loyola

Título original:
Quaestiones selectae de Deo Redemptore
Textus a votis sessionis plenariae approbatus

Tradução
José A. Ceschin

Preparação
Cecília C. Bartalotti

Revisão
Pe. Mário de França Miranda, SJ

Diagramação
Paula R. R. Cassan

Edições Loyola
Rua 1822, nº 347 – Ipiranga
04216-000 São Paulo, SP
Caixa Postal 42.335 – 04299-970 São Paulo, SP
✆ (011) 6914-1922
Fax (011) 63-4275
Home page: www.ecof.org.br/loyola
e-mail: loyola@ibm.net

Todos os direitos reservados. Nenhuma parte desta obra pode ser reproduzida ou transmitida por qualquer forma e/ou quaisquer meios (eletrônico ou mecânico, incluindo fotocópia e gravação) ou arquivada em qualquer sistema ou banco de dados sem permissão escrita da Editora.

ISBN: 85-15-01556-0

© EDIÇÕES LOYOLA, São Paulo, Brasil, 1997.

Índice

Nota preliminar 7

Parte I: A condição humana e a realidade da redenção 9

a) A situação atual 9
b) Relacionamento com as religiões do mundo 15
c) A doutrina cristã da Redenção e o mundo moderno 19

Parte II: Redenção bíblica: a possibilidade de liberdade ... 25

Parte III: Perspectivas históricas 35

a) Interpretações patrísticas da redenção 35
b) Teorias mais recentes da redenção 43

Parte IV: Perspectivas sistemáticas 55

a) A identidade do Redentor: quem é o Redentor? 55
b) A humanidade caída e redimida 61
c) O mundo sob a graça redentora 68

Nota preliminar

O estudo da teologia da Redenção foi proposto aos membros da Comissão Teológica Internacional por Sua Santidade o Papa João Paulo II em 1992. Uma Subcomissão, composta pelo Prof. Jan Ambaum, Prof. Joseph Doré, Prof. Avery Dulles, Prof. Joachim Gnilka, Prof. Sebastian Karotemprel, Dom Míceál Ledwith (Presidente), Prof. Francis Moloney, Mons. Max Thurian e Prof. Ladislaus Vanyo, foi designada para preparar este estudo.

As discussões gerais sobre esse tema tiveram lugar durante várias reuniões da Subcomissão e nas sessões Plenárias da própria Comissão Teológica Internacional, realizadas em Roma em 1992, 1993 e 1994. Esse texto foi aprovado em *forma específica* por voto da Comissão em 29 de novembro de 1994 e submetido à apreciação de seu Presidente, Sua Eminência Cardeal Joseph Ratzinger, Prefeito da Congregação para a Doutrina da Fé, que o aprovou para publicação.

Ao apresentar aqui uma síntese de abordagens teológicas contemporâneas, a Comissão Teológica Internacional não se propõe a oferecer novos elementos teológicos, mas um ponto seguro de referência para a continuidade da discussão e investigação desse tema.

Parte I

A condição humana e a realidade da redenção

a) A situação atual

1. Uma consideração apropriada da teologia da redenção nos dias atuais tem de começar com um sumário dos autênticos ensinamentos cristãos sobre a redenção e sua influência sobre a condição humana, conforme a Igreja tem proposto esse ensinamento durante o curso de sua tradição.

2. A declaração básica que precisa ser feita é que a doutrina da redenção diz respeito ao que Deus realizou para nós na vida, morte e ressurreição de Jesus Cristo, ou seja, a remoção dos obstáculos que existiam entre Deus e nós e a oferta que nos é feita de participação na vida de Deus. Em outras palavras, redenção diz respeito a Deus, como autor de nossa redenção, antes de dizer respeito a nós. Somente por ser assim é que a redenção pode realmente significar libertação para nós e ser, continuamente e para todos os tempos, a Boa Nova da Salvação. Isso significa que ela só é uma realidade libertadora para nós por dizer respeito primariamente à gloriosa bondade de Deus, e não à nossa necessidade, embora ela venha satisfazer essa necessidade. Se a redenção, ao contrário, *devesse* ser julgada ou medida pela necessidade existencial dos seres huma-

nos, como poderíamos evitar a suspeita de termos simplesmente criado um Deus-Redentor à imagem de nossas próprias necessidades?

3. Existe aqui um paralelismo com o que encontramos na doutrina da criação. Deus criou todas as coisas, e os seres humanos à Sua própria imagem, e achou que estava "muito bom" (Gn 1,31) o que havia criado. Tudo isso precede o início de nossa história, na qual a atividade humana não acaba sendo tão inequivocamente "boa" como a criação de Deus. No entanto, apesar disso, o ensinamento da Igreja ao longo dos séculos — baseado nas Escrituras — sempre tem sido de que a imagem de Deus na pessoa humana, embora muitas vezes escondida e desfigurada na história como resultado do pecado original e de seus efeitos, jamais foi completamente erradicada ou destruída. A Igreja acredita que os homens pecadores não foram abandonados por Deus, mas que Deus, em seu amor redentor, quer um destino glorioso para a raça humana, e de fato para toda a ordem criada, um destino cujas sementes já se encontram presentes na Igreja e por meio dela. Partindo da perspectiva cristã, essas considerações fundamentam e dão apoio à crença de que a vida aqui e agora vale a pena ser vivida. Mas qualquer convocação geral a "afirmar a vida" ou "dizer 'sim' à vida", embora indubitavelmente relevante nesse aspecto e digna de ser incentivada, não deve esvaziar o mistério da redenção, como a Igreja o tenta viver.

4. Portanto, a fé cristã tem o cuidado, por um lado, de não divinizar ou idolatrar os seres humanos por causa de sua grandeza, de sua dignidade e de suas realizações, nem, por outro, condená-los ou esmagá-los por causa de suas falhas ou maus atos. A fé cristã não subestima o potencial e o desejo humanos de crescimento e realizações, e as conquistas para as quais a realização desse potencial e desse desejo podem efetivamente levar. Essas conquistas, além de não serem consideradas *a priori* pela fé como obstáculos a serem vencidos ou adversários a serem combatidos, são, ao contrário, positivamente avaliadas desde o princípio. A partir das primeiras páginas do livro do Gênesis até as mais recentes encíclicas dos Papas, o convite

dirigido aos seres humanos — e, naturalmente, em primeiro lugar aos cristãos — é sempre de organizar o mundo e a sociedade de maneira a melhorar em todos os níveis as condições da vida humana. Além disso, somos convidados a ampliar a felicidade dos indivíduos, promover a justiça e a paz entre todos e, na medida do possível, incentivar um amor que, ao ser traduzido em palavras e ações, não exclua pessoa alguma sobre a face da terra.

5. Quanto à maldade e ao sofrimento humanos, eles não são, em sentido algum, subestimados pela fé: a fé não está, sob o pretexto de proclamar a felicidade eterna em um mundo futuro, de modo algum inclinada a ignorar os muitos tipos de dor e sofrimento que afligem os indivíduos, nem a óbvia tragédia coletiva inerente a muitas situações. Apesar de tudo isso, a fé tampouco se alegra com o mal e os momentos de tribulação por si mesmos, como se não existisse sem a presença deles.

6. Aqui, pelo menos como primeiro passo, a fé contenta-se simplesmente em tomar nota e registrar. Portanto, não é permissível acusar a fé de fechar seus olhos; mas é igualmente inadmissível ter ressentimento em relação à fé, acusando-a de tratar o mal e o sofrimento como fatos fundamentais sem os quais ela não teria fundamento digno de crédito. Como se, em resumo, a fé só pudesse basear-se, como condição *sine qua non* de sua existência, na desgraça da condição humana e no efeito e reconhecimento desse desespero.

7. De fato, o mal e o sofrimento não são, em primeiro lugar, funções de nenhuma *interpretação teológica* da vida em particular, mas uma *experiência* universal. E o primeiro movimento da fé, diante do mal e do sofrimento, não é explorá-los para os seus próprios.fins! Se a fé cristã os leva em consideração é, *em primeiro lugar*, simplesmente para fazer uma avaliação coerente e sincera da real e concreta situação histórica da raça humana. E a única preocupação da fé é saber se, como e em que condições a sua visão dessa real situação histórica ainda pode conquistar a atenção e a adesão das pessoas hoje — ao mesmo tempo em que leva em consideração as análises das próprias

pessoas quanto à sua condição e as atitudes que adotam nas diferentes situações que têm de enfrentar.

8. No entanto, a fé cristã de fato tem uma perspectiva específica sobre a condição humana que, em muitos aspectos, ilumina aquilo que muitas visões de mundo não-cristãs afirmam ao seu próprio modo. Primeiramente, a fé destaca que o mal aparece *como estando sempre presente na história e na humanidade:* o mal transcende e precede todas as nossas responsabilidades individuais e parece surgir de "forças" e até de um "espírito" que estão presentes antes de agirmos e, até certo ponto, são externos a qualquer consciência e vontade pessoal em ação aqui e agora.

9. Em segundo lugar, a fé observa que o mal e o sofrimento que afetam a condição histórica dos seres humanos também têm, e mesmo em grande parte, sua *fonte no coração dos seres humanos,* nos seus reflexos egoístas, no seu apetite pelo prazer e pelo poder, na sua silenciosa cumplicidade com o mal, em sua covarde capitulação diante do mal, em sua terrível dureza de coração. Mesmo assim, a revelação bíblica e a fé cristã não desanimam com a pessoa humana; ao contrário, continuam a apelar ao livre arbítrio, ao senso de responsabilidade, à capacidade de adotar ações decisivas no sentido de mudar — e àqueles momentos de lúcida consciência em que essas faculdades podem ser efetivamente exercitadas. A fé acredita de fato que todos são fundamentalmente capazes tanto de se distanciar de tudo o que os predispõe de uma forma negativa quanto de abdicar de seu próprio egoísmo e preocupação consigo mesmos para se comprometer com o serviço ao próximo e, desse modo, abrir-se para uma esperança viva que poderia até ultrapassar todos os seus próprios desejos.

10. Para a fé cristã, portanto, os seres humanos, por uma questão de fato histórico, estão alienados da santidade de Deus por causa do pecado, além de sermos diferentes de Deus em virtude de termos sido criados em vez de ser intrinsecamente divinos. Essa dupla diferença entre Deus e a humanidade encontra testemunho nas Escrituras e é pressuposta por todos os

cristãos ortodoxos que escreveram nos tempos pós-bíblicos. Mas a iniciativa divina de se aproximar com amor da humanidade pecadora é uma característica contínua do modo de Deus nos tratar, antes e dentro da história, e é a pressuposição fundamental da doutrina da redenção. Portanto, a dialética da graça e do pecado pressupõe que, antes que qualquer pecado entrasse no mundo, a graça de Deus já havia sido oferecida aos seres humanos. A lógica interna da visão cristã da condição humana exige também que Deus seja o autor da redenção, pois o que precisa ser curado e salvo é nada menos do que a imagem do Próprio Deus em nós.

11. Assim, para a fé cristã, o valor da natureza humana criada é garantido desde o princípio pelo Próprio Deus e é indestrutível. De maneira similar, a realidade da redenção foi obtida e é garantida por Deus e por Cristo também para sempre. Segundo o ensinamento da Igreja, tanto a criação como a redenção estão arraigadas na graciosa e profunda bondade e liberdade divinas e, a partir do nosso ponto de vista, permanecem incompreensíveis, inexplicáveis e maravilhosas. A busca do entendimento dessas realidades surge de um ato ou atitude anterior, indivisível e, portanto, irredutível de agradecimento por elas.[1]

12. Embora certamente nos seja impossível uma total compreensão da redenção, um certo entendimento da doutrina não é apenas possível, mas exigido pela própria natureza da redenção, que se preocupa com a verdade, o valor e o destino supremo de toda a realidade criada. Se não fosse permitida nenhuma tentativa de compreender a redenção, a aceitabilidade da fé seria prejudicada, a legítima busca de compreensão seria negada à fé e o resultado seria o fideísmo. Além do mais, já que a pessoa humana como um todo é redimida por Cristo, essa verdade deve poder ser demonstrada na ordem intelectual.[2]

13. Para a fé cristã, a verdade da redenção sempre iluminou particularmente os aspectos da condição humana que apontam de

---

1. cf. *"fides quaerens intellectum"*.
2. cf. 2Cor 10,5.

modo mais óbvio para a necessidade humana de salvação. Os seres humanos experimentam fragmentação, inadequações e frustrações na vida, em muitos níveis. Na medida em que os seres humanos freqüentemente consideram-se responsáveis pela fragmentada e insatisfatória qualidade de sua experiência, eles confessam, em linguagem tradicional, o seu estado de pecadores. No entanto, para pintar um quadro completo da condição humana, também devem ser levados em consideração os aspectos da vida que desfiguram e destroem a existência humana e pelos quais ninguém tem, aparentemente, responsabilidade direta. Porque eles também falam de modo eloqüente sobre a necessidade humana de redenção. Realidades tais como a fome, a pestilência, as catástrofes naturais, as doenças, o sofrimento físico e mental e a própria morte revelam que o mal — como a tradição cristã, claro, sempre reconheceu — de modo algum se esgota no que se chama de *"malum culpae"* (mal moral), mas também compreende o *"malum poenae"* (sofrimento), seja este o mal em si mesmo ou tenha origem nas limitações da natureza. Tradicionalmente, no entanto — como revela o próprio testemunho bíblico —, todo sofrimento, e até mesmo a própria morte, tem sido entendido como resultado do pecado, "o mistério da impiedade", nas palavras de São Paulo (2Ts 2,7).

14. Embora os desafios que acabamos de mencionar sejam as dificuldades existenciais mais básicas enfrentadas pelo homem, há também toda uma série de outros problemas mais íntimos com que as pessoas se defrontam. Em primeiro lugar, elas têm dificuldade em atingir, como indivíduos, o equilíbrio pessoal interior. Em segundo lugar, sentem dificuldade em viver em harmonia com os demais seres humanos, conforme revela a história das guerras com toda a sua inerente crueldade e horror. Em terceiro lugar, sua incapacidade de viver bem com a natureza não-humana é dramaticamente refletida na questão ecológica do mundo contemporâneo. Em quarto lugar, quando as pressões da vida se tornam intensas demais, pode surgir facilmente a suspeita de que a existência humana esteja condenada ao malogro e à falta completa de significado. Por trás das áreas críticas citadas acima, encontra-se, finalmente, a

questão da busca ainda não concluída da humanidade pela paz com Deus, que é frustrada pela poderosa e penetrante realidade do pecado.

15. Este esboço preliminar da maneira como, para a fé cristã, a verdade da redenção ilumina a condição humana deve ser complementado por uma avaliação de como o próprio homem vê, hoje em dia, sua situação histórica efetiva.

16. No entanto, devemos primeiro examinar brevemente a compreensão da redenção proposta pelas grandes religiões do mundo. Ao fazer isso, podemos deixar de lado aqui nesta seção de revisão o judaísmo, no qual o cristianismo tem suas raízes e com o qual comunga de uma visão da redenção baseada na soberana boa vontade de Deus, o Criador, para com a errante raça humana, conforme expresso na Aliança.

b) Relacionamento com as religiões do mundo

17. O *hinduísmo* não é uma religião monolítica. Ao contrário, é um mosaico de crenças e práticas religiosas que afirma oferecer à raça humana a redenção e a salvação. Embora o hinduísmo védico primitivo fosse politeísta, a tradição védica posterior passou a falar da Realidade suprema, também chamada de "Atmã" ou "Brama", como Uma, a partir da qual todas as coisas teriam surgido com um modo específico e triádico de manifestação. O próprio "Brama" é incompreensível e sem forma, mas também é o ser Consciente Auto-Existente, que é a totalidade da Felicidade. Em um nível pessoal mais popular, divindades como Shiva, destruidor da imperfeição, Vishnu e seus "avatares" ("encarnações") como Rã, o Iluminado, Krishna e a Mãe Deusa Shakti — correspondem aos atributos da Realidade Suprema. As "encarnações" do Deus descem à terra para enfrentar o mal quando este se torna poderoso no mundo.

18. Dando o devido desconto à simplificação exagerada, pode-se dizer que, para o hinduísmo, a pessoa humana é uma fagulha do divino, uma alma ("atmã") encarnada por causa da "avidya"

(ignorância: uma espécie de ignorância metafísica sobre a verdadeira natureza do indivíduo, ou um tipo de ignorância original). Como resultado, o ser humano está sujeito à lei do "carma", ou renascimento, o ciclo de nascimento e renascimento conhecido como "carma-samsara", ou a lei da retribuição. O desejo egoísta que leva à ignorância espiritual é a fonte de todo mal, miséria e sofrimento no mundo.

19. Assim, para o hinduísmo, a redenção — expressa por palavras como "moksha" e "mukti" — é a libertação da lei do "carma". Embora o homem possa dar alguns passos em direção à salvação de três maneiras (não mutuamente exclusivas) — por intermédio da ação desinteressada, da intuição espiritual e do devotado amor a Deus —, a etapa final da comunhão salvífica com Deus só pode ser alcançada com a ajuda da graça.

20. Com relação ao *budismo*, podemos começar dizendo que Buda, ao lidar com o sofrimento do mundo, rejeitou a autoridade dos Vedas e a utilidade dos sacrifícios, e também não viu motivo para as especulações metafísicas sobre a existência de Deus e da alma. Procurava a libertação do sofrimento *a partir do próprio homem*. Sua visão central é de que o desejo humano é a raiz de todo mal e miséria — que, por sua vez, dão lugar à "ignorância" ("avidya") — e a causa suprema do ciclo de nascimento e renascimento.

21. Depois de Buda, apareceram muitas escolas de pensamento que transformaram seus simples ensinamentos básicos em sistemas que tratam da doutrina do "Carma" como a tendência de nascer de novo, inerente na ação. A vida humana histórica não tem um fio existencial unificador, pessoal, substantivo; é feita simplesmente de fragmentos existenciais não vinculados de nascimento, crescimento, decadência e morte. A doutrina da "anicca", ou a "não permanência" de toda realidade, é central para o budismo. A idéia de impermanência existencial exclui a possibilidade da existência de uma "atmã", daí o silêncio de Buda sobre a existência de Deus ou da "atmã". Tudo é aparência ("maya"). Nada pode ser dito sobre a realidade, seja de modo positivo ou negativo.

22. Portanto, para o budismo, a redenção consiste em um estado de libertação ("Nirvana") deste mundo de aparência, uma libertação da natureza fragmentária e da impermanência da existência, alcançada por meio da supressão de todo desejo e de toda consciência. Mediante uma tal libertação, atinge-se um estado puro e indeterminado de vazio. Sendo radicalmente o contrário do tormento transitório deste mundo de Maya, o Nirvana — literalmente: "extinção", ou "apagamento" (isto é, de todos os desejos), como se apaga a luz de uma vela quando a cera acaba de queimar — foge a uma definição terrena, mas não é apenas um estado de extinção *completa* ou aniquilamento *total*. Nirvana não é um objetivo intelectual, mas uma experiência impossível de definir. É a libertação de todos os desejos e vontades, a libertação do ciclo de renascimento e sofrimento ("dukha"). O modo mais perfeito de libertação, para os budistas, é o caminho de oito etapas — perfeito entendimento, perfeita intenção, perfeita fala, perfeita conduta, perfeita ocupação, perfeito esforço, perfeita contemplação e perfeita concentração ("Vinayana Pitaka") — que coloca toda sua ênfase nos esforços humanos. Na perspectiva budista, todos os outros caminhos religiosos são imperfeitos e secundários.

23. Como o judaísmo e o cristianismo, o *islamismo* ("submissão") é uma religião monoteísta baseada na Aliança, com firme crença em Deus como Criador de todas as coisas. Como o próprio nome sugere, essa religião vê a chave da verdadeira religião e, portanto, da salvação, na Fé, Confiança e Submissão total à vontade de Deus misericordioso.

24. De acordo com a fé dos muçulmanos, a religião islâmica foi revelada por Deus, desde os primeiros instantes da humanidade, e confirmada pelas sucessivas alianças com Noé, Abraão, Moisés e Jesus. O islamismo considera-se o acabamento e cumprimento de todas as alianças que existiram desde o princípio.

25. O islamismo não possui a idéia do pecado original, e o sentido cristão de redenção não encontra espaço no pensamento islâmico. Todos os seres humanos são considerados criaturas

que precisam de salvação, a qual só podem obter voltando-se para Deus com fé total. O conceito de salvação também é expresso pelas palavras "sucesso" ou "prosperidade". Mas a idéia de salvação é melhor expressa por palavras como segurança ou proteção: em Deus, a raça humana encontra a segurança definitiva. A totalidade da salvação — concebida em termos de alegrias físicas e espirituais[3] — é conseguida apenas no Último Dia com o Juízo Final e na vida no além ("Akhira").

O islamismo acredita em um tipo de predestinação na questão da salvação, seja rumo à felicidade do paraíso ou ao sofrimento no fogo do inferno ("Nar"), mas o homem permanece livre para responder com a fé e as boas obras. Os meios para chegar à salvação além da profissão de fé são: a oração ritual, a doação legal de esmolas, o jejum do Ramadã e a peregrinação à casa de Deus, em Meca. Algumas tradições somam a esses meios o "jihad", ou "luta", como guerra santa para a difusão ou defesa do islamismo ou, mais raramente, como conflito espiritual pessoal.

26. Além das grandes religiões clássicas do mundo, existem outras religiões, chamadas de Tradicionais, Primitivas, Tribais ou Naturais. As origens destas religiões perderam-se na antiguidade. Suas crenças, cultos e códigos éticos são transmitidos por meio da tradição oral viva.

27. Os seguidores dessas religiões acreditam em um Ser Supremo, identificado sob nomes diferentes, e que se acredita ser o criador de todas as coisas, mas Ele próprio não-criado e eterno. O Ser Supremo delegou a supervisão dos assuntos do mundo a divindades menores, conhecidas como espíritos. Esses espíritos influenciam o bem-estar ou as desgraças humanas. A propiciação dos espíritos é muito importante para o bem-estar humano. Nas Religiões Tradicionais também é importante o sentido de comunhão de um grupo com os ancestrais do clã, a tribo e a família humana em geral. Os ancestrais que morrem são respeitados e venerados de vários modos, embora não sejam adorados.

---

3. cf. o Jardim ("Genna") da suprema felicidade.

28. A maior parte das Religiões Tradicionais tem mitos e histórias épicas que falam de um estado de felicidade com Deus, da queda de uma situação ideal e da esperança em algum tipo de redentor-salvador que virá para restabelecer o relacionamento interrompido e trazer a reconciliação e a condição de felicidade. A salvação é vista em termos de reconciliação e harmonia com os ancestrais mortos, os espíritos e Deus.

c) A doutrina cristã da Redenção e o mundo moderno

29. Além de considerar as concepções da redenção propostas pelas grandes religiões do mundo e as mais localizadas religiões tradicionais e ancestrais de muitas culturas humanas, é preciso, no entanto, dedicar um pouco de atenção a outros movimentos e estilos de vida alternativos *contemporâneos* que prometem a salvação a seus seguidores (por exemplo, os cultos modernos, os diversos movimentos da "Nova Era" e as ideologias de autonomia, emancipação e revolução). Mas é preciso ter cautela nessa área, e o risco de simplificações exageradas deve, se possível, ser evitado.

30. Seria enganoso sugerir, por exemplo, que os povos *contemporâneos* se encaixam em apenas duas categorias: a da "modernidade" autoconfiante que acredita na possibilidade de autoredenção, ou a de uma pós-modernidade desencantada que não acredita em nenhuma melhora na condição humana a partir de "dentro" e confia apenas na possibilidade de uma salvação que vem de "fora". Em vez disso, o que de fato encontramos é um pluralismo cultural e intelectual, uma vasta gama de diferentes análises da condição humana e uma variedade de maneiras de tentar lidar com ela. Junto com um tipo de trajetória rumo à diversão e ao prazer, ou às absorventes e passageiras atrações do hedonismo, vemos uma retirada rumo a várias ideologias e novas mitologias. Junto a um estoicismo mais ou menos resignado, lúcido e corajoso, percebemos tanto uma desilusão que se considera persistente e realista, como um protesto resoluto contra a redução dos seres humanos e de

seu ambiente à condição de recursos comercializáveis que podem ser explorados e contra a correspondente relativização, subestimação e, enfim, trivialização do lado obscuro da existência humana.

31. Portanto, um fato fica abundantemente claro na situação contemporânea: *a condição concreta dos seres humanos está cheia de ambigüidades*. Seria possível descrever de vários modos os dois "pólos" entre os quais cada ser humano em particular, e a humanidade como um todo, se acham de fato divididos. Por exemplo, existe em cada indivíduo, por um lado, um intenso desejo de vida, felicidade e realização e, por outro, a inevitável experiência de limitação, insatisfação, fracasso e sofrimento. Passando do indivíduo para a esfera geral, pode-se ver o mesmo quadro em uma tela maior. Aqui também é possível apontar, por um lado, o imenso progresso que tem sido conquistado pela ciência e tecnologia, pela disseminação dos meios de comunicação e pelos progressos alcançados, por exemplo, no domínio das leis privadas, públicas e internacionais. Mas, por outro lado, também se deve apontar as muitas catástrofes que ocorrem no mundo e, entre os seres humanos, tanta corrupção, com o resultado de que um número muito grande de pessoas sofrem terrível opressão e exploração e tornam-se vítimas indefesas daquilo que, na verdade, só pode lhes parecer um destino cruel. Está claro que, apesar das diferenças de ênfase, qualquer otimismo desanuviado sobre o progresso geral e universal proporcionado pela tecnologia vem claramente perdendo terreno nos nossos dias. E é no contexto contemporâneo da injustiça e da falta de esperança generalizadas que a doutrina da redenção deve ser apresentada hoje.

32. Mas é importante observar que a fé cristã não faz julgamentos apressados: seja no sentido de rejeitar *in toto* ou de aceitar sem fazer críticas. Procedendo com boa vontade e discernimento, ela não deixa de observar, na grande diversidade de análises e atitudes que encontra, várias percepções fundamentais que lhe parecem corresponder, em si mesmas, a uma profunda verdade sobre a existência humana.

33. A fé também observa, por exemplo, que, apesar de suas limitações e dentro delas, o homem assim mesmo procura uma possível "realização" em sua vida; que a maldade e o sofrimento são por ele experimentados como algo profundamente "anormal"; que as diferentes formas de protesto levantadas a partir desta perspectiva são em si mesmas sinais de que os seres humanos têm a necessidade de estar procurando por "algo mais", ou "alguma coisa a mais", "alguma coisa melhor". E, finalmente, como conseqüência disso, a fé cristã vê que os seres humanos contemporâneos não estão simplesmente procurando uma *explicação* de sua condição, mas estão aguardando ou esperando — reconheçam isso ou não — por uma *libertação efetiva* do mal e uma *confirmação e realização* de tudo que é positivo em suas vidas: o desejo do bem e do melhor, etc.

34. Mas, embora a Igreja reconheça a importância de tentar compreender e avaliar os problemas reais dos seres humanos no mundo, as diferentes atitudes por eles provocadas e as propostas concretas feitas no sentido de enfrentá-los, ela também reconhece a necessidade de jamais perder de vista a questão fundamental que está na base desses problemas e, necessariamente, também de qualquer modo proposto de resolvê-los, ou seja, a questão da verdade: qual *é* a verdade da condição humana? Qual é o significado da existência humana e, na perspectiva do próprio momento presente, o que pode, enfim, o homem esperar? Ao apresentar a doutrina da redenção ao mundo, a Igreja talvez possa considerar várias perspectivas diferentes sobre as questões supremas, concentrando-se no aspecto da fé cristã na redenção que talvez seja o mais crucial para a humanidade: a esperança. Porque a redenção é a única realidade suficientemente poderosa para satisfazer as verdadeiras necessidades humanas e a única realidade profunda o bastante para convencer as pessoas sobre o que realmente existe dentro delas.[4] Essa mensagem redentora de esperança baseia-se nas duas doutrinas-chave do cristianismo, isto é, a Cristologia e a Trindade. Nessas doutrinas, encontra-se a base racio-

---

4. cf. Jo 2,25.

nal suprema para a compreensão cristã da história humana e da pessoa humana, feita à imagem do Deus Trino, uma Unidade em Comunidade, e redimida por amor pelo Filho único de Deus, Jesus Cristo, para o propósito de participação na vida divina, para a qual fomos primordialmente criados. Esta participação é indicada pela doutrina da ressurreição do corpo, quando os seres humanos, em sua realidade total, compartilham a totalidade da vida divina.

35. Portanto, a avaliação cristã da condição humana não é isolada, mas um aspecto de uma visão muito mais ampla, em cujo centro encontra-se a compreensão cristã de Deus e do relacionamento de Deus com a raça humana e toda a ordem criada. Essa visão maior é a da *Aliança* que Deus desejou e ainda deseja para a raça. É uma Aliança por meio da qual Deus quer associar os seres humanos à Sua vida, realizando — muito além do que eles possam por si mesmos desejar ou conceber — tudo o que é positivo dentro deles e libertando-os de tudo o que há de negativo em seu interior e que prejudica sua vida, felicidade e desenvolvimento.

36. Mas é essencial observar que, se a fé cristã fala dessa maneira sobre Deus e Sua vontade de instituir uma Aliança com os seres humanos, não é por termos sido, por assim dizer, apenas informados (por meros ensinamentos) das intenções de Deus. É porque, de um modo muito mais radical, Deus literalmente *interveio na história* e agiu no próprio coração da história; por seus "feitos poderosos", ao longo de toda a Antiga Aliança em primeiro lugar, mas suprema e definitivamente em e por meio de Jesus Cristo, Seu único e verdadeiro Filho, que entrou, encarnou-se, *na* condição humana, em sua forma totalmente concreta e histórica.

37. Estritamente falando, segue-se daí que, a fim de estabelecer o que têm a dizer sobre a condição humana, os fiéis não começam questionando a si mesmos sobre isso, para depois indagar a si próprios que tipo de esclarecimento ainda pode ser lançado sobre o problema pelo Deus que eles professam. Da mesma maneira, e ainda estritamente falando, os cristãos não

começam afirmando a Deus com base em uma linha de argumento ou, pelo menos, não com base em uma reflexão puramente abstrata, para depois, apenas como ação secundária, passarem a examinar que tipo de esclarecimento esse conhecimento prévio de Sua existência poderia trazer ao destino histórico da humanidade.

38. Na realidade, para a revelação bíblica, e portanto para a fé cristã, conhecer a Deus é confessá-Lo com base naquilo que Ele Próprio fez pelo homem, *revelando-o totalmente a si mesmo* no próprio ato de *revelar-Se a ele*, precisamente por entrar em relação com ele: estabelecendo e oferecendo ao homem uma Aliança e chegando, com essa finalidade, ao ponto de vir e tornar-se encarnado na própria condição humana.

39. É, finalmente, a partir dessa perspectiva que a visão da pessoa humana e da condição humana, apresentada pela fé cristã, adquire toda a sua especificidade e toda a sua riqueza.

40. Por fim, deve-se dedicar alguma atenção ao que poderia ser chamado de debate cristão interno sobre a redenção, e especialmente à questão de como o sofrimento e a morte de Cristo se relacionam com a conquista da redenção da humanidade. A importância dessa questão é destacada hoje em muitos setores, por causa da observada inadequação — ou, pelo menos, da observada abertura a um sério e perigoso mal-entendido — de certas maneiras de compreender a obra de redenção realizadas por Cristo em termos de compensação ou punição por nossos pecados. Além do mais, a seriedade do problema do mal e do sofrimento não diminuiu com a passagem do tempo mas, ao contrário, intensificou-se, e a capacidade de muitos acreditarem que ele *possa* ao menos ser apropriadamente enfrentado foi minada neste século pelos próprios registros factuais. Nessas circunstâncias, pareceria importante repensar como a Redenção revela a glória de Deus. Pode-se perguntar se uma tentativa de compreender a doutrina da redenção poderia ser, no fundo, um exercício de teodicéia, uma tentativa de sugerir uma resposta digna de crédito para o "mistério da iniquidade", nas palavras de Paulo, à luz da fé cristã. O mistério de

Cristo e da Igreja é a resposta divina. Em suma, seria a redenção a *justificação* de Deus, ou seja, a mais profunda *revelação* Dele a nós e, portanto, a doação a nós da paz que "ultrapassa toda a compreensão"? (Fl 4,7).

41. A finalidade deste documento não é ser um tratamento abrangente de toda a área da teologia da redenção, mas abordar algumas questões selecionadas da teologia da redenção que se apresentam com uma força particular dentro da Igreja de hoje.

Parte II

Redenção bíblica:
a possibilidade de liberdade

1. Os registros bíblicos refletem uma busca incessante pelo supremo significado da condição humana.[5] Para Israel, Deus se faz conhecer pela Torá e, para o cristianismo, Deus se dá a conhecer pela pessoa, os ensinamentos, a morte e a ressurreição de Jesus de Nazaré. Porém, tanto a Lei como a Encarnação ainda deixam a humanidade na ambigüidade de uma revelação dada, contraposta a uma história humana que não responde às verdades reveladas. Ainda "gememos, interiormente, esperando a adoção, a libertação para o nosso corpo" (Rm 8,23).

2. O ser humano enfrenta uma situação dramática, em que todos os esforços em busca de sua libertação da escravidão e dos sofrimentos auto-infligidos estão destinados ao fracasso. Finitos por causa de nossa origem como criaturas, infinitos como resultado de nosso chamado para sermos um com o Criador, não somos capazes, com base em nossos próprios esforços, de passar do finito para o infinito. Assim, o cristão olha para além das conquistas humanas. "Incansáveis são os nossos corações, até que descansem em ti" (Agostinho, *Confissões* 1,1).

---

5. cf., p. ex., Gn 1-11; Mc 13,1-37; Ap 22,20.

3. Já na sua legislação civil, Israel tinha consciência de um "redentor" (*go'el*). As famílias podiam pagar o resgate por um parente, para preservar a solidariedade da família.[6] A importância da solidariedade da família está na base de instituições legais tais como o casamento por levirato,[7] a vingança do sangue[8] e o ano do jubileu.[9] A lei israelita permite que uma pessoa condenada seja comprada de volta.[10] O pagamento do *kofer* liberta a pessoa culpada, sua família, a família vitimada e toda a comunidade, pois o conflito fica resolvido. Há algumas narrativas no Antigo Testamento em que ocorrem atividades redentoras que têm suas raízes neste sistema legal. Por meio da auto-oferenda de Judá, que reverte o seu crime contra José,[11] a família é redimida da vingança. Do mesmo modo, Jacó, que havia roubado Esaú de sua bênção de herança, compensa isto oferecendo uma grande parte de sua propriedade.[12] A vingança é evitada.

4. A religião israelita desenvolveu uma liturgia de expiação. Era o ato simbólico da homenagem, pelo qual a pessoa culpada cobre e paga uma dívida a YHWH. Eram os seguintes os elementos essenciais dessa liturgia:

   a. Os rituais são de instituição divina (lugares sagrados, sacerdócio sagrado e rituais ditados por YHWH).

   b. YHWH é quem perdoa.[13]

   c. Os ritos são todos sacrificais e, em geral, são sacrifícios de sangue, em que é derramado o sangue que representa a vida. YHWH dá ao homem o sangue para o rito do perdão.[14] O sangue sacrifical expressa a gratuidade do perdão no nível da expressão ritual.

---

6. cf. Ex 21,2.7; Dt 25,7-10.
7. cf. Dt 25.
8. cf. Lv 25; Nm 35,9-34.
9. cf. Ex 21,2; Lv 25; Jr 34,8-22; Dt 15,9-10.
10. cf. Ex 21,29-30 (hebraico: *kofer*; grego: *lytron*).
11. cf. Gn 37,26-27; 44,33-34.
12. cf. Gn 32,21.
13. cf. Lv 17,10.12.
14. cf. Lv 17,11.

5. As pessoas santas, e especialmente Moisés e os profetas que o seguiram, tinham grande valor diante de Deus. Isso equilibrava o desvalor da maldade e do pecado de outros. Dessa forma, eles davam grande importância à intercessão para o perdão dos pecados.[15] A figura do Servo Sofredor de Is 53,4-12 seria repetidamente usada no Novo Testamento como um modelo de Cristo, o Redentor.

6. As narrativas da ação de Deus no Êxodo (Ex 1–15) e o amor redentor de Ester e Rute[16] mostram como a liberdade vem da entrega desinteressada de si mesmo por uma nação ou uma família. Esses mesmos sentimentos são encontrados na vida de oração de Israel, que celebra o amor redentor de Deus por seu povo no Êxodo[17] e seu cuidado e bondade que trazem a liberdade e a integridade para a vida do povo.[18]

7. Esses temas antigos de libertação e redenção são focalizados de forma mais intensa em Jesus Cristo. Produto deste mundo, e um dom de Deus ao mundo, Jesus de Nazaré aponta o caminho para uma felicidade autêntica e duradoura. Em sua pessoa, suas palavras e seus atos, ele mostrou que a presença reinante de Deus estava próxima e convocou todos à conversão a fim de poderem ser parte desse Reino.[19] Jesus de Nazaré contou parábolas do Reino que abalaram a estrutura profunda de nossa visão aceita do mundo.[20] Elas removem nossas defesas e nos tornam vulneráveis para Deus. Aqui Deus nos toca e seu Reino chega.

8. Jesus, o contador das parábolas do Reino de Deus, era a Parábola de Deus. Sua inabalável abertura para Deus é encontrada em sua relação com o Deus tradicional de Israel, Deus como *Abba*.[21] Esta pode ser observada em sua disposição, como

---

15. cf. Ex 32,7-14.30-34; 33,12-17; 34,8-9; Nm 14,10-19; Dt 9,18-19; Am 7; Jr 15,1; Is 53,12; 2Mc 15,12-16.
16. cf. especialmente Est 14,3-19; Rt 1,15-18.
17. cf., p.ex., Sl 74,2; 77,16.
18. cf., p.ex., Sl 103,4; 106,10; 107; 111,9; 130,7.
19. cf. Mc 1,5.
20. cf., p.ex., Lc 15.
21. cf. Mc 14,36.

Filho do Homem, a enfrentar todos os possíveis insultos, sofrimentos e morte, na certeza de que, no fim, Deus teria a última palavra.²² Ele reuniu seguidores²³ e compartilhou sua mesa com pecadores, invertendo valores aceitos ao lhes oferecer a salvação.²⁴ Perseverou em seu estilo de vida e em seus ensinamentos, apesar da tensão que isso criava ao seu redor,²⁵ culminando com sua "destruição" simbólica do Templo (Mc 11,15-19; Mt 21,12-13; Lc 19,45-48; Jo 2,13-22), sua última ceia que prometia ser a primeira de muitas ceias semelhantes²⁶ e sua morte na Cruz.²⁷ Jesus de Nazaré foi o mais livre de todos os seres humanos que já viveram. Não tinha desejo algum de *controlar* seu futuro, pois sua confiança radical em seu Abba-Pai libertava-o de tais preocupações.

9. A história joanina da Cruz fala da revelação de um Deus que amou tanto o mundo a ponto de lhe dar seu próprio Filho.²⁸ A Cruz é o lugar onde Jesus é "elevado"²⁹ para glorificar a Deus e, assim, obter a sua própria glória.³⁰ "Ninguém tem maior amor do que aquele que se despoja da vida por aqueles a quem ama" (Jo 15,13). Como a Cruz dá testemunho de Deus, todos os fiéis subseqüentes devem *"olhar para aquele que traspassaram"* (19,37).

10. Boa parte da busca pela libertação, liberdade ou qualquer outra das expressões usadas hoje em dia para falar do que poderia ser chamado de uma "redenção" das ambigüidades da situação humana representa uma tentativa de evitar e ignorar o sofrimento e a morte. O caminho de Jesus de Nazaré indica que a livre entrega de si mesmo aos desígnios de Deus, seja qual

---

22. cf. Mc 8,31; 9,31; 10,32-34.
23. cf. Mc 1,16-20.
24. cf. Mc 2,15-17; 14,17-31; Lc 5,29-38; 7,31-35.36-50; 11,37-54; 14,1-24; 19,1-10.
25. cf. Mc 2,15-17; Lc 5,27-32; 15,2; 19,7.
26. cf. Mc 14,17-31; Mt 26,20-35; Lc 22,14-34.
27. cf. Jo 19,30, *Consummatum est!*
28. cf. Jo 3,16.
29. cf. Jo 3,14; 8,28; 12,32-33.
30. cf. Jo 11,4; 12,23; 13,1; 17,1-4.

for o custo, traz glória para nós e também para Deus. A morte de Jesus não é o ato de um Deus impiedoso que exige o sacrifício supremo; não é um "resgate" pago a alguma potência alienadora que nos escravizou. É o momento e o lugar em que um Deus que é amor e que nos ama torna-se visível. Jesus crucificado conta o quanto Deus nos ama e afirma que, nesse gesto de amor, um ser humano demonstrou sua concordância incondicional com a vontade de Deus.

11. O Evangelho de Jesus crucificado demonstrou a solidariedade do amor de Deus com o sofrimento. Na pessoa de Jesus de Nazaré, esse amor salvador de Deus e sua solidariedade para conosco recebe sua forma histórica e física. A crucifixão, uma forma desprezível de morte, tornou-se "Evangelho". Embora boa parte do Antigo Testamento veja a morte como definitiva e trágica,[31] esta idéia vai gradualmente dando lugar à concepção emergente de uma vida após a morte[32] e ao ensinamento de Jesus de que Deus é um Deus dos vivos, e não dos mortos.[33] Mas o sangrento episódio do Calvário exigiu que a Igreja primitiva explicasse, por si mesma e por sua missão, a eficácia expiatória de uma morte sacrifical de Jesus na Cruz.[34]

12. O Novo Testamento usa imagens sacrificais para explicar a morte de Cristo. A salvação não pode ser obtida por meio da mera perfeição moral e o sacrifício não pode ser considerado como um vestígio de uma religiosidade ultrapassada. O judaísmo já fornecia o paradigma da morte expiatória do mártir modelo,[35] mas isso é ainda mais acentuado no Novo Testamento, por causa da importância decisiva atribuída ao "sangue de Cristo". A cruz de Jesus, que ocupou uma posição central na proclamação inicial, envolveu o derramamento de sangue. O significado salvífico da morte de Jesus foi explicado em termos emprestados da liturgia sacrifical do Antigo Tes-

---

31. cf., p.ex., Jó 2,4; Qoh 9,4; Is 38,18; Sl 6,5; 16,10-11; 73,27-28.
32. cf. Dn; Sb.
33. cf. Mt 22,31-32.
34. cf. 1Cor 1,22-25.
35. cf. 4Mc.

tamento, em que o sangue desempenhava um papel importante. Continuando, porém transformando, o entendimento do Antigo Testamento quanto ao sangue como marca essencial da vida, a linguagem e a teologia sacrifical apareceram na Igreja primitiva:

i. Por uma argumentação tipológica, o sangue de Cristo foi considerado eficiente no estabelecimento de uma nova e perfeita aliança entre Deus e o Novo Israel.[36] Mas, ao contrário das repetidas ações dos sacerdotes da antiga aliança, o sangue de Jesus, o único meio de obter remissão e santificação,[37] corre apenas uma vez, em um sacrifício oferecido de uma vez por todas.[38]

ii. Por si só, a palavra "morte" não significaria uma obra redentora. "Sangue" implica mais do que morte. Tem a conotação ativa de vida.[39] A aspersão de sangue sobre o altar era vista como um ato essencial e decisivo de oferenda (Levítico) mas, para Paulo, a eficiência atribuída ao sangue de Cristo (justificação, redenção, reconciliação e expiação) vai muito além da extensão reivindicada pelo sangue em Levítico, em que seu efeito é apenas negativo, a cobertura ou neutralização daquilo que impede o culto seguro ou aceitável de Deus (Rm 3,24-25). Cristo é considerado o *kaporeth*: ao mesmo tempo oferenda e propiciação.

iii. Estar em aliança significa obedecer.[40] A idéia de obediência e lealdade à Torá até a morte era bastante conhecida no judaísmo do século I. Paulo consegue explicar a morte de Jesus como obediência às exigências de Deus.[41] Essa obediência não é para acalmar um Deus irado, mas uma livre oferenda de si, que possibilita a criação da Nova Aliança.

---

36. cf. Ex 24; Mt 26,27-28; 1Cor 11,23-26; Hb 9,18-21.
37. cf. Hb 9,22.
38. *ephápax:* cf. Rm 6,10; Hb 7,27; 9,12; 10,10.
39. cf. Rm 5,8-10.
40. cf. Sl 2,8.
41. cf. Rm 5,13-18; Fl 2,8. Cf. também Hb 10,5.

Os cristãos entram na Nova Aliança por meio da imitação da paciência e obediência de Jesus.[42]

iv. Como toda a vida terrena de Jesus[43], sua morte na cruz ocorreu na presença e com a assistência do Espírito Santo.[44] Aqui fica incompleta qualquer analogia com o Antigo Testamento. Foi Jesus Cristo "que pelo espírito eterno se ofereceu a Deus" (Hb 9,14). Tudo o que acontece na cruz dá testemunho do Pai e, segundo Paulo, ninguém pode chamar a Deus de Pai exceto no Espírito Santo, e o Espírito de Deus dá testemunho dele nos fiéis.[45] Para o Quarto Evangelho, o Espírito Santo é dado à Igreja quando Jesus grita, "Tudo está consumado!", e entrega o espírito (Jo 19,30: *Parédoken tó pneúma*).

v. A morte de Jesus foi louvor e exaltação a Deus. Ele permaneceu fiel na morte; demonstrou o Reino de Deus e, assim, Deus esteve presente na morte de Jesus. Por essa razão, a Igreja primitiva atribuiu à morte de Jesus um poder redentor: "Embora sendo Filho, aprendeu a obediência pelos próprios sofrimentos e, levado até a própria consumação, veio a ser, para quantos lhe obedecem, causa de salvação eterna, tendo sido proclamado por Deus sumo sacerdote à maneira de Melquisedec" (Hb 5,8-10). O sacrifício de Jesus na cruz não foi apenas *passio*, mas também *actio*. Este último aspecto, a oferta voluntária de si mesmo ao Pai, com seu conteúdo espiritual, é o aspecto mais importante de sua morte. O enredo não é um conflito entre o destino e o indivíduo. Pelo contrário, a cruz é uma liturgia de obediência, manifestando a unidade entre o Pai e o Filho no eterno Espírito Santo.

13. Jesus ressuscitado afirma a resposta misericordiosa de Deus a esse amor de auto-entrega. No final, o cristianismo olha para

---

42. cf. também 1Pd 1,18-20.
43. cf. Mt 1,21; 3,17; 4,1.10; Lc 1,35; 4,14.18; Jo 1,32.
44. cf. Lc 23,46.
45. cf. Rm 8,15; Gl 4,6.

uma cruz vazia. A aceitação incondicional de Jesus de Nazaré em relação a tudo o que lhe foi pedido por seu Pai levou ao "sim" incondicional do Pai a tudo o que Jesus disse e fez. É a ressurreição que proclama que o caminho de Cristo é o caminho que vence o pecado e a morte em uma vida que não tem limites.

14. O cristianismo tem a tarefa de anunciar, com palavras e atos, o início da libertação das inúmeras escravidões que desumanizam a criação de Deus. A revelação de Deus em e por intermédio de Jesus de Nazaré, crucificado porém ressuscitado, convoca-nos a ser tudo o que fomos criados para ser. A pessoa que participa do amor de Deus revelado em e por meio de Jesus Cristo torna-se o que ela foi criada para ser: a imagem de Deus,[46] assim como Jesus é o ícone de Deus.[47] A história de Jesus mostra que isso vai custar nada menos do que tudo. Mas a resposta de Deus à história de Jesus é igualmente intensa: a morte e o pecado foram conquistados de uma vez por todas.[48]

15. O poder de destruição permanece em nossas mãos; a história de Adão ainda está conosco.[49] Mas o dom da obediência ao estilo de Cristo oferece a esperança de transformação ao mundo,[50] livre da Lei para uma união frutífera com Cristo (Rm 7,1-6). A vida sob a Lei torna impossível a verdadeira liberdade (Rm 7,7-25), enquanto a vida no Espírito Santo possibilita uma liberdade que vem do gracioso dom de Deus (Rm 8,1-13). Mas tal liberdade só é possível por meio da morte para o pecado, de maneira que possamos estar "vivos para Deus em Jesus Cristo".[51]

16. A vida redimida dos cristãos tem um óbvio caráter histórico e uma inevitável dimensão social. Os relacionamentos entre senhores e escravos jamais poderão ser os mesmos outra vez[52]; não há mais nem judeu nem grego, não há mais nem escravo

---

46. cf. Gn 1,26-27.
47. cf. Cl 1,15.
48. cf. Rm 6,5-11; Hb 9,11-12; 10,10.
49. cf. Rm 5,12-21.
50. cf. Rm 6,1-21.
51. cf. Rm 6,10-11.
52. cf. Fm, esp. vv. 15-17.

nem homem livre, não há mais homem e mulher.[53] Os cristãos são chamados a ser autenticamente humanos em um mundo dividido, a manifestação única de amor, alegria, paz, paciência, bondade, caridade, fidelidade, gentileza e autodomínio, vivendo pelo Espírito e caminhando ao lado do Espírito.[54]

17. Na soteriologia da *Carta aos Efésios* e da *Carta aos Colossenses*, destacam-se os temas de paz e reconciliação: "Ele (Cristo) é a nossa paz" (Ef 2,14). Aqui, paz *(shalom)* e reconciliação tornam-se o centro e a melhor expressão da redenção. Mas esse aspecto da redenção não é novo. A palavra "paz" deve ser entendida à luz de seu rico uso ao longo da tradição bíblica. Ela tem uma dimensão tripla:

i. Significa paz com Deus: "Assim, pois, justificados pela fé, nós estamos em paz com Deus, por nosso Senhor Jesus Cristo" (Rm 5,1).

ii. Significa paz entre os homens. Compreende a boa disposição de uns para com os outros. A paz, que é Cristo, destrói as paredes do ódio, da divisão e dos desentendimentos e é construída com base na confiança mútua.

iii. Significa a importantíssima paz interior que o ser humano pode encontrar dentro de si mesmo. Este aspecto da paz de Cristo tem conseqüências abrangentes. Paulo (Rm 7,14-25), fala da pessoa humana dividida contra si mesma, cuja vontade e ações estão em conflito entre si. Essa pessoa, sem o poder libertador que vem do dom da graça e da paz de Jesus Cristo, só pode gritar: "Infeliz que eu sou! Quem me livrará deste corpo que pertence à morte?" (Rm 7,24). Paulo imediatamente oferece a resposta: "Graças sejam dadas a Deus por Jesus Cristo, nosso Senhor!" (Rm 7,25).

18. No hino a Cristo que abre a *Carta aos Colossenses* (Cl 1,15-20), a redenção proporcionada por Cristo é louvada como uma redenção universal, cósmica. Toda a criação deve ser libertada

---

53. cf. Gl 3,28.
54. cf. 1Cor 13; Gl 5,22-26.

de sua escravidão à deterioração, para obter a gloriosa liberdade dos filhos de Deus. Este tema da integridade essencialmente voltada para Deus de toda a criação, já eloqüentemente expresso por Paulo na anterior *Carta aos Romanos*[55], conscientiza-nos de nossas responsabilidades contemporâneas em relação à criação.

19. Na *Carta aos Hebreus*, encontramos a imagem do povo errante de Deus em seu caminho para a terra prometida do repouso divino (Hb 4,11). O modelo é o da geração de Moisés, que viaja pelo deserto durante quarenta anos em busca da terra prometida de Canaã. Em Jesus Cristo, no entanto, temos o "promotor da salvação" (Hb 2,10) que, na sua qualidade de Filho, é muito superior a Moisés.[56] Ele é o sumo sacerdote de acordo com a ordem de Melquisedec. Seu sacerdócio não apenas ultrapassa o sacerdócio da Antiga Aliança, mas de fato o aboliu (Hb 7,1-28). Jesus Cristo nos libertou de nossos pecados por intermédio de seu sacrifício. Ele nos santificou e nos tornou seus irmãos. Redimiu aqueles que, por medo da morte, estavam sujeitos à escravidão durante a vida inteira (Hb 2,10-15). Ele agora aparece como nosso advogado, diante da face de Deus (Hb 9,24; 7,25).

20. Assim, a jornada cristã ao longo da história é marcada por uma inabalável confiança. É verdade que "ver o que se espera não é mais esperar: o que se vê, como ainda esperá-lo? Mas esperar o que não vemos é aguardá-lo com perseverança" (Rm 8,24-25). Podemos não vê-la, mas recebemos a promessa da Nova Jerusalém, o lugar onde "Ele habitará com eles. Eles serão seu povo e ele será o Deus que está com eles. Ele enxugará toda lágrima de seus olhos. Já não haverá morte. Não haverá mais luto, nem clamor, nem sofrimento, pois o mundo antigo desapareceu. ... Eis que eu faço novas todas as coisas" (Ap 21,3-5). Já presenteados com o Espírito, a liberdade e a garantia[57] que vem da morte e ressurreição de Jesus, caminhamos confiantes na direção do fim dos tempos, gritando: "Vem, Senhor Jesus!" (Ap 22,20).

---

55. cf. Rm 8,18-23.
56. cf. Hb 3,5-6.
57. cf. 2Cor 1,22; 5,5; Ef 1,13-14.

Parte III

Perspectivas históricas

a) Interpretações patrísticas da redenção

Introdução

1. Os Padres continuaram o ensinamento do Novo Testamento sobre a redenção, desenvolvendo e elaborando certos temas à luz de sua própria situação religiosa e cultural. Enfatizando a libertação do paganismo, da idolatria e dos poderes demoníacos, e de acordo com a mentalidade contemporânea, eles interpretaram a redenção principalmente como uma libertação da mente e do espírito. No entanto, não ignoraram a importância do corpo, em que os sinais da deterioração e da morte, como conseqüências do pecado,[58] apareciam de forma mais evidente. Fiéis ao axioma *"caro cardo salutis"*, repudiaram a concepção gnóstica da redenção apenas da alma.

2. Os Padres têm clara noção da obra "objetiva" de redenção e reconciliação que propicia a salvação do mundo como um todo, e de uma obra "subjetiva" que diz respeito aos seres humanos individuais. A obra "objetiva" está intimamente preocupada com a encarnação e a Cristologia, enquanto a "subje-

---

58. cf. Rm 5,12.

tiva" está interessada nos sacramentos e na doutrina da graça, que acompanham e direcionam a história humana para o *éschaton*.

Os Padres Apostólicos e os Apologistas

3. Inácio de Antioquia usa o título soteriológico *Christós iatrós (Christus medicus)*. "Existe um médico que é de carne e espírito, criado e não criado, Deus feito carne, verdadeira vida na morte, (nascido) tanto de Maria como de Deus, primeiro passível e depois impassível, Jesus Cristo, nosso Senhor".[59] Cristo não só cura as doenças, mas também abraça a morte, na medida em que ela é vida; de fato, a verdadeira vida é encontrada na morte. Sua atividade de cura, que é parte de sua obra redentora nos Evangelhos, expressa, antes de tudo, sua divina bondade: ele queria que suas curas e exorcismos fossem boas obras, pelas quais as pessoas dariam louvor ao Pai. Suas curas basearam-se em seu poder divino de perdoar os pecados, para o que a única condição exigida era a fé. Esta linha de pensamento pode ser encontrada na *Primeira Carta de Clemente*,[60] na *Carta a Diogneto*[61] e em Orígenes.[62]

4. O pensamento de Justino está intimamente ligado ao credo. Sua compreensão do *Christós didáskalos* e do *Lógos didáskalos* lembra o ensinamento de Jesus sob Pôncio Pilatos. Os Apologistas enfatizam a figura de *Christus Magister (Christós didáskalos)* e ainda têm o interesse centralizado em seus ensinamentos e exorcismos, mas Justino apóia-se principalmente na tradição da prática sacramental da Igreja e nas formulações de fé para sua explicação da presença curadora de Cristo. As palavras do Logos chegam com força divina; elas têm o poder libertador. Gênesis 6,1-4 coloca em ação as forças do mal, e a história da salvação é marcada pelos confrontos entre Cristo

---

59. *Efésios* 7,2: SC 10bis, 74-76 (Funk 1,218).
60. cf. 59,4: SC 167,196 (Funk 1,176).
61. cf. 9,6: SC 33,74 (Funk 1,406-408).
62. cf. *Contra Celsum* 2,67: SC 132,442-444 (PG 11,901).

e os demônios em uma luta contra a sempre crescente depravação, conforme é ensinado na *Apologia* de Justino (II, 5, 1-6;6) e em Atenágoras *(Supplic.* 25,3-4). O artigo do Credo dos Apóstolos *"descendit ad inferos"* descreve a culminação dessa batalha por meio do batismo, da tentação, dos exorcismos e da ressurreição de Jesus. De maneira semelhante, o uso que Justino faz de *sotér* para falar da continuação da obra redentora de Cristo vem das fórmulas da liturgia e do credo. O mesmo pode ser dito sobre sua idéia de Jesus como *Redemptor* e auxiliador, Filho de Deus, primogênito de toda criação, nascido de uma virgem, que sofreu sob Pôncio Pilatos, morreu e ressuscitou dos mortos e subiu aos céus, expulsando, derrotando e subjugando todos os demônios.[63] Embora dê continuidade ao pensamento dos Padres Apostólicos, Justino apóia-se também nos credos batismais, no Novo Testamento e na *sotería* vivenciada nos sacramentos da Igreja.

Ireneu

5. No início de *Adversus haereses*, Livro 5, Ireneu explica: Cristo, o mestre *(Christus Magister)* é o Verbo encarnado, que estabeleceu a comunhão conosco, de maneira que o pudéssemos ver, entender sua palavra, imitar seus atos, obedecer suas ordens e vestir a incorruptibilidade. Nisto, somos refeitos à imagem de Cristo. Ao mesmo tempo, Cristo é o Verbo poderoso e homem verdadeiro *(Verbum potens et homo verus)* que, de maneira inteligível *(rationabiliter)*, redimiu-nos por seu sangue, entregando a si mesmo como resgate *(redemptionem)* por nós. Para Ireneu, a redenção foi realizada de um modo que o ser humano pudesse compreender *(rationabiliter)*: o Verbo, que é absoluto em poder, também é perfeito em justiça. Portanto, o Verbo pode opor-se ao inimigo, não com a força, mas com persuasão e bondade, assumindo tudo o que por direito lhe pertence *(sua proprie et benigne assumens)*. Ireneu não admite que Satanás tenha qualquer direito de dominação sobre a

---

63. cf. Justino, *Diálogo com Trifão* 30,3: PG 6,540.

humanidade depois da Queda. Ao contrário, Satanás governa injustamente *(injuste)*, porque nós pertencemos a Deus segundo a nossa natureza *(natura essemus Dei omnipotentis)*. Ao nos redimir por seu sangue, Cristo inaugurou uma nova etapa na história da salvação, enviando o Espírito do Pai para que Deus e a humanidade possam unir-se e estar em harmonia. Por meio de sua encarnação, ele concedeu de forma verdadeira e segura a incorruptibilidade à humanidade.[64] O Redentor e a redenção são inseparáveis, porque a redenção nada mais é do que a união do redimido com o Redentor.[65] A mera presença do Logos divino na humanidade tem um impacto curador e enobrecedor sobre a natureza humana em geral.

6. A idéia de "recapitulação" *(anakephalaíosis)* em Ireneu compreende a restauração da imagem de Deus no homem. Embora a expressão venha de Efésios 5,10, o pensamento de Ireneu tem uma ampla base bíblica. O *terminus a quo* da redenção é a libertação do domínio de Satanás e a recapitulação da história anterior da humanidade. O *terminus ad quem* é o aspecto positivo: a renovação da imagem e semelhança de Deus. O primeiro Adão carrega em si a semente de toda a raça humana; o segundo Adão, por meio da encarnação, recapitula cada indivíduo que viveu até então e dirige-se a todos os povos e línguas. A redenção não olha apenas para o passado; ela é uma abertura para o futuro. Para a recapitulação da imagem e semelhança de Deus, tanto o *Verbum* como o *Spiritus* devem estar presentes. O primeiro Adão prenuncia o Verbo encarnado, em vista de quem o *Verbum* e o *Spiritus* haviam formado o primeiro homem, mas ele ficou estacionado na "infância", porque o Espírito que dá o crescimento o deixou. A concessão da semelhança do Espírito Santo introduz o período novo e final da *"oeconomía"*, que foi completado na ressurreição, quando toda a raça humana recebeu a forma do novo Adão.[66] O aspec-

---

64. *Adversus haereses* 5,1,1: SC 153,16-20 (PG 7,1120-1121).
65. *Adversus haereses* 5, praef.: *"uti nos perficeret esse quod est ipse"*: SC 153,14 (PG 7,1120).
66. *Adversus haereses* 1,10,1: SC 264,154-158 (PG 7,550-551); *Ibid.* 3,16,6: SC 211,310-314 (PG 7,925-926).

to espiritual da *anakephalaíosis* é importante porque a posse permanente da vida só se concretiza por meio do Espírito.[67] Embora a encarnação resuma o passado, condensando-o na recapitulação, em certo sentido ela leva o passado a um fim. O derramamento do Espírito Santo, que foi inaugurado na ressurreição, direciona a história para o *éschaton* e torna a *anakephalaíosis* realmente universal.

Tradições gregas

7. Atanásio nunca menosprezou o significado do pecado, mas viu claramente que o redentor tinha de curar não apenas a realidade do pecado em si, mas também as suas conseqüências: a perda da semelhança com Deus, a corrupção e a morte.[68] Atanásio afirmava que, se Deus só precisasse levar em conta o pecado, poderia ter realizado a redenção de algum outro modo que não pela encarnação e crucifixão. Ele não negava que Cristo tivesse entrado em contato imediato com o pecado, mas afirmava que, embora o pecado não afetasse a natureza divina de Cristo, ele experimentou em sua natureza humana as conseqüências do pecado. Ele entrou no mundo do pecado e da corrupção, porque a corrupção e a morte são, elas mesmas, o pecado.[69]

8. Gregório de Nazianzo ensina que a encarnação ocorreu porque a humanidade precisava de uma ajuda maior. Antes da encarnação, a pedagogia de Deus tinha sido insuficiente.[70] Cristo assumiu toda a condição humana para nos libertar do domínio do pecado,[71] mas a fonte da salvação, possibilitada pela encarnação, é a crucifixão e ressurreição de Cristo.[72]

---

67. *Adversus haereses* 5,7,2: SC 153,90 (PG 7,1141).
68. *De Incarnatione Verbi* 7, editado e traduzido por R. W. Thomson (Oxford, 1971), 148-50 (PG 25,108-109).
69. *Oratio II contra Arianos* 68-69: PG 26,292-296.
70. *Oratio* 38,13: SC 358,130-132 (PG 36,325); Id. *Epistula* 101,13-15: SC 208,40-42 (PG 37,177).
71. *Oratio* 30,21: SC 250,272 (PG 36,132).
72. *Oratio* 12,4: PG 35,848; Id. *Oratio* 30,6: SC 250,236 (PG 36,109).

Gregório rejeita totalmente a suposição de que Deus teria entrado em negociação com Satanás, e a sugestão de que um resgate teria sido pago ao Pai. Qualquer coisa que fosse tocada pela divindade era santificada.[73] Esta idéia é desenvolvida por Gregório de Nissa, que combina imagens joaninas para afirmar que o Verbo, como um pastor, uniu-se à centésima ovelha. Estabelecendo uma analogia com "o Verbo se fez carne", ele afirma que "o pastor se fez ovelha".[74] A mesma idéia retorna em Agostinho: *"Ipse ut pro omnibus pateretur, ovis est factus"*.[75]

Tradições latinas

9. Na tradição latina, Ambrósio e Agostinho fundamentaram-se na riqueza dos "mistérios" da Igreja, na vida litúrgica, na oração e especialmente na vida sacramental, que floresciam na Igreja latina do século IV. Ambrósio, cujos conhecimentos do idioma grego lhe permitiram trazer boa parte da tradição oriental para o Ocidente, baseou seus ensinamentos nos sacramentos do Batismo, Penitência e Eucaristia. Isso não só nos proporciona um testemunho inestimável da vida sacramental da Igreja latina, mas também da maneira como a *Ecclesia orans* entendia o mistério da ação redentora de Deus no acontecimento de Cristo, passado (redenção objetiva), presente e futuro (redenção subjetiva).[76]

10. Agostinho não é um inovador no pensamento cristão quanto à redenção. No entanto, com profundidade e visão, ele elabora e sintetiza as tradições, as práticas e as orações da Igreja que recebeu. Só Deus pode ajudar a humanidade em sua impotência.[77] Agostinho revela o profundo abismo entre nosso estado real e nossa vocação divina. Não pode haver negociação entre

---

73. *Orationes* 12,4: PG 35,848.
74. *Antirrehticus adversus Apolinarium* 16: *Gregorii Nysseni Opera*, ed. W. JAEGER, t. 3/1 151-152 (PG 45,1152-1153).
75. In *Johannis Evangelium Tractatus* 123,5: CCL 36,680 (PL 35,1969).
76. cf., p.ex., *De Incarnationis Dominicae Sacramento, de Mysteriis, de Sacramentis, de Paenitentia, de Sacramento Regenerationis sive de Philosophia*.
77. *De gratia Christi et de peccato originali* 25,29: CSEL 42,188-190 (PL 44,399-400).

Deus e Satanás. A redenção só pode ser uma obra da graça.⁷⁸ No plano divino da salvação, a missão de Cristo restringe-se a um certo período de tempo mas, ainda assim, é uma realidade supraterrestre: o amor do Deus irado para com a humanidade. Este amor eterno produz, por meio da crucifixão e morte de Cristo, a reconciliação e a condição de Filho.⁷⁹ A obra de redenção tem de ser digna tanto de Deus quanto do homem e, assim, Deus perdoa e esquece o pecado apenas se a pessoa humana se arrepender e expiá-lo. Quando isso acontece, Deus revoga o pecado e a morte. Assim, a reparação e a reconciliação baseiam-se na justiça, já que somente desse modo a humanidade pode participar com responsabilidade da história da salvação. A humanidade é de tal maneira atraída para a reconciliação que aceita ativamente a salvação e a redenção.

11. A redenção não é um evento que simplesmente acontece ao ser humano. Estamos ativamente envolvidos nela, por meio de nossa cabeça, Jesus Cristo. O sacrifício redentor de Cristo é o ápice da atividade cultual e moral da humanidade. É o único sacrifício meritório *(sacrificium singulare)*. A morte de Jesus Cristo é um sacrifício perfeito e um ato de adoração. A crucifixão é um resumo de todos os sacrifícios anteriormente oferecidos a Deus. Aceita pelo Pai, ela obtém a salvação para os irmãos e irmãs de Cristo. Repetindo uma idéia que, como no caso de Ambrósio, estava associada à sua compreensão do efeito redentor da vida sacramental da Igreja, especialmente o Batismo, Agostinho ensinou que todos os sacrifícios, inclusive o da Igreja, só podem ser uma "imagem"⁸⁰ do *sacrificium singulare*, o sacrifício de Cristo.⁸¹

12. Embora seja pura graça, a redenção compreende a *satisfactio* obtida pela obediência do Filho de Deus, cujo sangue é o resgate por meio do qual ele mereceu e obteve a justifica-

---

78. *De natura et gratia* 23,5; 30,34 (PL 44,259 e 263); *De Trinitate* 14,16,22: CCL 50A,451-454 (PL 42,1052-1054).
79. *Enchiridion* 10,33 (PL 40,248-49).
80. Latim: *figura*; grego: *hetérosis*.
81. cf. *Enchiridion* 10,33; 13,41 (PL 40,248-49 e 253).

ção e a libertação.[82] Jesus Cristo realiza sua batalha como ser humano e, desse modo, salva a honra da humanidade em sua perfeita resposta a Deus (o *"factio"* exigido da humanidade) e também revela a majestade de Deus (o *"satis"* de Deus, que completa a *"satisfactio"*). Assim, Cristo não é apenas aquele que cura, mas também o santificador, que salva pela santificação. Continuando uma tradição dos Padres anteriores, Agostinho insiste que Cristo é a cabeça da humanidade mas, como também já era o Salvador da humanidade antes de todo tempo e antes de sua encarnação, Cristo influencia todos os indivíduos, assim como a humanidade em geral.

Conclusão

13. Os temas que chegam até nós pela tradição bíblica formam a base da reflexão patrística sobre a redenção. O abismo entre a condição humana e a esperança de liberdade para sermos filhos e filhas do único Deus verdadeiro é claramente compreendido e apresentado. A iniciativa de Deus cria uma ponte sobre o abismo por meio do sacrifício de Jesus Cristo e de sua ressurreição. Dentro das diferentes escolas de pensamento, esses elementos formam a base da reflexão patrística. Igualmente importante para os Padres é a associação da história humana e dos indivíduos humanos com a morte e ressurreição de Jesus Cristo. Uma vida de amor e obediência reflete e, de certo modo, envolve-nos no significado perene de sua vida e morte. Embora falassem de maneiras diferentes, refletindo suas próprias visões de mundo e seus próprios problemas, os Padres da Igreja elaboraram mais profundamente, com base no Novo Testamento e nos crescentes "mistérios" da vida, oração e prática da Igreja, um sólido corpo de tradição sobre o qual poderia ser construída a reflexão teológica posterior.

---

82. cf. *De Trinitate* 13,14,18-15,19: CCL 50A,406-408 (PL 42,1027-1029).

b) Teorias mais recentes da redenção

14. As Sagradas Escrituras e os Padres da Igreja proporcionam uma base sólida para a reflexão sobre a redenção da raça humana por meio da vida, do ensinamento, da morte e da ressurreição de Cristo como o Filho de Deus encarnado. Proporcionam também uma abundância de metáforas e analogias para ilustrar e contemplar a obra redentora de Cristo. Falando de Cristo como conquistador, mestre e médico, os Padres tenderam a dar ênfase à ação "descendente" de Deus, mas não menosprezaram a obra de Cristo como aquele que oferece satisfação, pagando o "resgate" devido e oferecendo o único sacrifício aceitável.

15. Estaria fora do âmbito do presente documento uma retomada da história da teologia da redenção ao longo dos séculos. Para o nosso propósito, será suficiente indicar alguns pontos de destaque dessa história, a fim de expor as principais questões que devem ser consideradas numa elaboração contemporânea.

Idade Média

16. A contribuição medieval à teologia da redenção pode ser estudada em Anselmo, Abelardo e Tomás de Aquino. Em sua obra clássica *Cur Deus Homo*, Anselmo, sem esquecer a iniciativa "descendente" de Deus na encarnação, coloca a ênfase sobre a obra "ascendente" de restituição legal. Ele começa com a idéia de Deus como Senhor soberano, cuja honra é ofendida pelo pecado. A ordem de justiça comutativa exige reparação adequada, que só pode ser dada pelo Deus-homem. "Esta dívida era tão grande que, embora ninguém além do homem pudesse saldá-la, ninguém além de Deus era capaz de fazê-lo; de tal maneira que quem o realiza tem de ser ambos, Deus e homem".[83] Ao oferecer a satisfação adequada, Cristo liberta a humanidade da pena devida pelo pecado. Embora

---

83. *Cur Deus Homo* 2,18a; S. N. Deane, *Basic Writings of St. Anselm*, 279.

enfatize a morte satisfatória de Cristo, Anselmo não fala nada a respeito da eficiência redentora da ressurreição de Cristo. Preocupado com a libertação da culpa, ele dá pouca atenção ao aspecto da divinização. Concentrando sua atenção na redenção objetiva, Anselmo não se estende quanto à apropriação subjetiva dos efeitos da redenção pelos redimidos. Ele reconhece, porém, que Cristo deu um exemplo de santidade para todos seguirem.[84]

17. Embora sem negar o valor satisfatório da morte de Cristo, Pedro Abelardo prefere falar de Cristo como aquele que ensina por meio do exemplo. Na sua concepção, Deus poderia ter satisfeito sua honra sem a cruz de Cristo, mas Deus queria que os pecadores se reconhecessem como objetos do amor crucificado de Jesus e, assim, se convertessem. Abelardo vê na paixão de Cristo uma revelação do amor de Deus, um exemplo que nos incita à imitação. Como seu *locus classicus*, ele recorre a Jo 15,13: "Ninguém tem maior amor do que aquele que se despoja da vida por aqueles a quem ama".[85]

18. Tomás de Aquino retoma o conceito de satisfação de Anselmo, mas interpreta-o de maneira semelhante a Abelardo. Para Aquino, a satisfação é a expressão concreta da tristeza pelo pecado. Ele afirma que a paixão de Cristo compensou o pecado por ser preeminentemente um ato de amor, sem o que não poderia haver satisfação.[86] Em seu sacrifício, Cristo ofereceu a Deus mais do que era exigido. Citando 1Jo 2,2, Aquino declara que a paixão de Cristo prestou uma satisfação superabundante pelos pecados do mundo inteiro.[87] A morte de Cristo foi necessária apenas como resultado de uma decisão autônoma de Deus de redimir a humanidade de um modo apropriado, que mostrasse ao mesmo tempo a justiça e a misericórdia de Deus.[88] Para Aquino, Cristo redentor cura e diviniza os seres humanos pecadores

---

84. *Ibid.*, 18b; Deane, op. cit. 280.
85. *Sermo* 9, PL 178,447.
86. *S. Theol.* III.14.1 ad 1; cf. Supl. 14,2.
87. *S. Theol.* III.48.2c.
88. *S. Theol.* III.46.1c e ad 3.

não apenas por sua cruz, mas também por sua encarnação e por todos os seus *acta et passa in carne*, inclusive sua gloriosa ressurreição. Em seu sofrimento e morte, Cristo não é um mero substituto de pecadores caídos, mas a cabeça representativa de uma humanidade regenerada. Aquino declara "que Cristo é a cabeça da Igreja e que a graça que ele possui como cabeça é passada para todos os membros da Igreja, por causa da conjunção orgânica obtida dentro do Corpo Místico".[89]

Reforma e contra-reforma

19. Os reformadores protestantes adotaram a teoria anselmiana, mas não distinguiram, como ele havia feito, entre as alternativas de satisfação e castigo. Para Lutero, a satisfação tem lugar precisamente pelo castigo. Cristo está sob a ira de Deus pois, como Paulo ensina na *Carta aos Gálatas* 3,13, ele assumiu não apenas as conseqüências do pecado, mas o próprio pecado.[90] De acordo com Lutero, Cristo é o maior de todos os ladrões, assassinos, adúlteros e blasfemos que jamais viveram.[91] Em alguns pontos, Lutero fala paradoxalmente de Cristo como sendo totalmente puro e, ainda assim, o maior de todos os pecadores.[92] Como Cristo pagou por completo a conta devida a Deus, estamos dispensados de qualquer compromisso. Os pecadores podem completar a "transação bem-sucedida" se pararem de se apoiar em quaisquer méritos próprios e vestirem-se pela fé com os méritos de Cristo, assim como ele se vestiu com os pecados da humanidade.[93] A justificação ocorre apenas por meio da fé.

20. Calvino apresenta uma compreensão imputável da pecaminosidade de Cristo. Diz ele que Cristo estava coberto pela sujei-

---

89. "Select Questions on Christology", in *International Theological Commission: Texts and Documents 1969-1975* (San Francisco, Ignatius, 1989), 185-205, aqui 201.
90. *Commentary on Galatians* (1535); WA 40/1, 434,7-9.
91. *Ibid.*, 433,26-29.
92. *Ibid.*, 435,17-19.
93. *Ibid.*, 434,7-9.

ra do pecado mediante a "imputação transferida".[94] A culpa que nos tornava passíveis de punição foi transferida para a cabeça do Filho de Deus. Acima de tudo, devemos lembrar essa substituição[95] a fim de sermos libertados da ansiedade. Jesus não só morreu como malfeitor; ele também foi para o inferno e sofreu as dores dos condenados.[96]

21. No século XVII, Hugo Grotius formulou a soteriologia de Calvino em uma forma mais jurídica, explicando de modo detalhado como o derramamento do sangue de Cristo mostra o ódio de Deus pelo pecado.[97]

22. O Concílio de Trento apresenta uma breve discussão da redenção no Decreto sobre a Justificação. Baseando-se em Agostinho e Aquino, o Conselho afirmou que Cristo, por meio de seu grande amor, mereceu a nossa justificação e satisfez por nós no madeiro da cruz.[98] A doutrina da satisfação é integrada por Trento em um quadro mais amplo, que inclui a divinização conferida aos pecadores justificados por meio do Espírito Santo, que os torna membros vivos do corpo de Cristo.[99]

Protestantismo liberal

23. Em algumas versões da pregação protestante, e mesmo católica, a teoria da substituição penal apresentava Deus quase como um soberano vingativo exigindo reparação por sua honra ofendida. A idéia de que Deus puniria os inocentes em lugar dos culpados parecia incompatível com a certeza cristã de que Deus é eminentemente justo e cheio de amor. É compreensível, portanto, que os cristãos liberais adotassem uma

---
94. *Institutes of the Christian Religion*, 11.16.6.
95. *Ibid.*, 16.5.
96. *Ibid.*, 16.10.
97. *Defensio fidei catholicae de satisfactione Christi (1617)*: cf. Sesboüé, *Jésus-Christ, l'unique médiateur* (Paris, Desclée, 1988), 1,71.
98. Sessão 6, cap. 7.
99. *Ibid.*, também cânon 11.

abordagem bem diferente, em que a justiça vingativa de Deus não tinha lugar. Retomando Abelardo em certos aspectos, alguns teólogos do século XIX deram ênfase ao amor exemplar de Jesus, que evoca uma resposta de gratidão, permitindo que outros imitassem suas ações amorosas e, assim, alcançassem a justificação. Sob a influência de Kant, a doutrina da redenção foi purificada de suas supostas "corrupções sacerdotais", inclusive dos conceitos de sacrifício e satisfação penal. Albrecht Ritschl, com o devido crédito a Kant, redefiniu a redenção em termos de liberdade para colaborar em uma associação de virtude, com vistas ao "Reino de Deus".[100]

24. Uma variação da teoria liberal pode ser encontrada em Schleiermacher, que afirmava que Jesus nos leva à perfeição não tanto por aquilo que ele faz, mas pelo que ele é, como o exemplo supremo de consciência humana transformada pela união com o divino. Ao invés de falar apenas em influência moral, Schleiermacher usou categorias de causalidade orgânicas e mesmo físicas. "Ao lhes conferir um novo princípio vital, o Redentor assume os fiéis na comunidade de Sua límpida bem-aventurança, e esta é sua atividade reconciliadora."[101]

Movimentos do século XX

25. Várias novas teorias da redenção surgiram no século XX. Na teologia querigmática de Rudolf Bultmann, Deus redime a humanidade por meio da proclamação da cruz e da ressurreição. Para Bultmann, o significado redentor da cruz não reside em qualquer teoria "ascendente" de sacrifício ou satisfação vicária (ambas as quais têm sabor de mitologia), mas no julgamento "descendente" do mundo e sua libertação do poder do

---
100. Albrecht Ritschl, *Die christliche Lehre von der Rechtfertigung und Versöhnung*, III, Bonn, 1874.
101. Schleiermacher, *Der christliche Glaube nach der Grundsätzen der evangelischen Kirche im Zusammenhang dargestellt* II, Berlin, 1960, 97.

mal. A mensagem paradoxal da salvação por meio da cruz provoca nos seus ouvintes uma resposta de amorosa submissão, pela qual eles são levados da existência não autêntica para a autêntica. "Acreditar na cruz de Cristo não significa voltar-se para um processo mítico forjado fora de nós e de nosso mundo, para um acontecimento objetivo visível que Deus reverte para nosso bem, mas significa crer na cruz, a saber, assumir a cruz de Cristo como sua, deixar-se crucificar com Cristo".[102]

26. Paul Tillich tem uma teoria existencial semelhante, exceto pelo fato de atribuir o poder de superação da alienação humana à imagem bíblica de Jesus como o Cristo, e especialmente ao símbolo da Cruz. "A Cruz não é a causa, mas a manifestação efetiva de Deus assumindo sobre si as conseqüências da culpa humana".[103] Como Deus participa do sofrimento humano, assim somos redimidos ao participar espontaneamente dessa participação divina e permitir que ela nos transforme".[104]

27. Em qualquer uma de suas formas, a teoria existencial atribui a redenção ao poder de Deus operante por meio das palavras ou símbolos que transformam a autocompreensão humana. Uma atenção apenas secundária é dedicada ao próprio Jesus, que é considerado uma figura histórica obscura e envolta pelo mito.

28. Reagindo contra o descaso pelo Jesus histórico na teologia querigmática e contra a piedade centralizada na Igreja dos últimos séculos, alguns teólogos mais recentes têm se esforçado para reconstruir a história real de Jesus e têm enfatizado o modo como sua morte resultou de sua luta contra estruturas opressivas e injustas, tanto políticas quanto religiosas. Jesus, afirma-se, defendeu os direitos dos pobres, dos marginalizados e dos perseguidos. Seus seguidores são convocados a demonstrar solidariedade para com os oprimidos. A vida e morte de Jesus são vistas como redentoras, na medida em que inspi-

---

102. R. Bultmann, "Neues Testament und Mythologie, in: H. W. Bartsch (ed.) *Kerygma und Mythos*, Hamburg-Berstedt 1960 15-48, aqui 42.
103. Paul Tillich, *Systematic Theology*, 2,176.
104. Id. *ibid*, 2,176.

ram outros a entrar na luta por uma sociedade mais justa. Esse tipo de soteriologia é característico da teologia da libertação e de algumas versões da teologia política.[105]

29. A teologia da libertação pode parecer unilateral em sua ênfase nas reformas sociais. Como concordam alguns dos seus defensores, a santidade não pode ser alcançada, nem o pecado vencido, por uma mera mudança nas estruturas sociais e econômicas. Já que o mal tem sua fonte em grande medida no coração humano, os corações e as mentes precisam ser transformados e impregnados com a vida de cima. Os teólogos da libertação divergem entre si quanto à ênfase que dão à esperança escatológica. Alguns deles afirmam de maneira explícita que o Reino de Deus não pode ser totalmente estabelecido pela ação humana dentro da história, mas apenas pela ação de Deus na *Parousía*.

30. Entre os teólogos modernos que desejam restaurar o sentido da ação "descendente" de Deus em benefício de suas criaturas necessitadas, Karl Rahner merece menção especial. Ele coloca Jesus como o símbolo insuperável que manifesta a vontade salvífica universal e irreversível de Deus. Como realidade simbólica, Cristo efetivamente representa tanto a autocomunicação irrevogável de Deus na graça como a aceitação dessa autocomunicação pela humanidade.[106] Rahner é bastante reservado em relação à noção de sacrifício expiatório, que descreve como uma idéia primitiva que era aceita como válida nos tempos do Novo Testamento, mas que "não oferece muita ajuda hoje para a compreensão daquilo que estamos procurando", ou seja, o significado causal da morte de Jesus.[107] Na teoria de causalidade quase sacramental de Rahner, a vontade salvífica de Deus produz o sinal, no caso a morte de Jesus e sua ressurrei-

---

105. A doutrina da redenção na teologia da libertação pode ser estudada em obras como *Teología de la liberación*, de Gustavo Gutierrez (1971), *Jesus Cristo Libertador*, de Leonardo Boff (1972), e *Cristología desde América Latina*, de Jon Sobrino (1976).
106. Karl Rahner, *Curso Fundamental da Fé*, São Paulo, 1989, 233-235.
107. *Id. ibid.*, 334.

ção, e no sinal e por meio dele faz acontecer aquilo que é significado.[108]

31. Parece que, para Rahner, os benefícios essenciais da redenção podem ser obtidos pela aceitação da autocomunicação interior de Deus, que é dada a todos, como um "existencial sobrenatural", antes mesmo de a Boa Nova de Jesus Cristo ser ouvida. A mensagem do Evangelho, quando se torna conhecida, permite compreender melhor o que já está implícito na palavra interior da graça de Deus. Todos que ouvem e acreditam na mensagem cristã obtêm a garantia de que a palavra final de Deus para os seres humanos não é de severidade e julgamento, mas de amor e misericórdia.

32. A teoria de Rahner é de inquestionável valor por colocar a ênfase sobre a iniciativa amorosa de Deus e sobre a resposta apropriada de confiança e gratidão. Ela se afasta das limitações legalistas e moralistas de algumas teorias anteriores. No entanto, alguns questionaram se a teoria deixaria espaço suficiente para a eficácia causal do evento de Cristo e especialmente para o caráter redentor da morte de Jesus na cruz. Por acaso o símbolo-Cristo simplesmente expressa e comunica o que é dado anteriormente pela vontade salvífica universal de Deus? A palavra interior de Deus (como "revelação transcendental") é enfatizada a expensas da palavra exterior dada na proclamação do evangelho como Boa Nova?

33. Indo além de Rahner, vários teólogos contemporâneos introduziram uma distinção mais radical entre os aspectos transcendentais e predicamentais da religião. Para eles, a revelação, como orientação transcendental, é dada ao espírito humano sempre e em toda parte. Nas várias religiões, inclusive no judaísmo e no cristianismo, eles encontram simbolizações histórica e culturalmente condicionadas de uma experiência espiritual comum a todas elas. Todas as religiões são consideradas redentoras, na medida em que seus "mitos" provocam a consciência do trabalho interior da graça e incitam seus seguidores

---

108. *Id. ibid.*, 336.

à ação libertadora. Apesar de suas divergências doutrinárias, afirma-se, as várias religiões estão unidas em sua orientação para a salvação. "A confiança comum, no entanto, permanece *soteriológica*, sendo a preocupação da maior parte das religiões a *libertação (vimukti, moksha, nirvana)*".[109] Com base em raciocínios como esse, um teólogo contemporâneo sugere uma transição do teocentrismo ou Cristocentrismo para o que ele chama de "soteriocentrismo".[110]

34. Essas abordagens inter-religiosas são tentativas louváveis de alcançar uma harmonia entre as diferentes concepções religiosas e reafirmar o centralismo da soteriologia. Mas as diferentes identidades das religiões ficam ameaçadas. O cristianismo, em particular, é desfigurado se for privado de sua doutrina de que toda redenção não ocorre simplesmente por intermédio de uma obra interior da graça divina ou por meio do compromisso humano com a ação libertadora, mas mediante a obra salvadora do Verbo Encarnado, cuja vida e morte são acontecimentos históricos reais.

35. Partindo-se da teologia transcendental das religiões, resta apenas um pequeno passo para as teorias da Nova Era, já mencionada na primeira parte. Na suposição de que o divino seja um constitutivo intrínseco inerente da natureza humana, alguns teólogos argumentam em favor de uma religião de celebração centralizada na criação, em lugar da ênfase cristã tradicional na queda e na redenção. A salvação é vista como sendo a descoberta e atualização da presença divina imanente por meio da espiritualidade cósmica, da liturgia do júbilo e de técnicas psicológicas de elevação do nível de consciência ou de autodomínio.[111]

---

109. Aloysius Pieris, "The Place of Non-Christian Religions and Cultures in the Evolution of Third World Theology", in *Irruption of the Third World: Challenge to Theology*, Virginia Fabella e Sergio Torres (eds.) (Maryknoll, N.Y., Orbis Books, 1983), p. 133.
110. Paul. F. Knitter, "Toward a Liberation Theology of Religions", in *The Myth of Christian Uniqueness: Toward a Pluralistic Theology of Religions* (ed. John Hick e Paul F. Knitter), pp. 178-200, aqui 187.
111. Muitos destes temas são exemplificados nas obras de Matthew Fox, notadamente seu *Original Blessing: a Primer in Creation Spirituality* (Santa Fé, Novo México, Bear & Co., 1983; edição ampliada, 1990).

36. Os métodos de conscientização e disciplina espiritual que foram desenvolvidos nas grandes tradições religiosas e em alguns movimentos contemporâneos de "potencial humano" não devem ser negligenciados, mas não podem ser equiparados à redenção no sentido cristão da palavra. Não há uma base sólida para se minimizar os efeitos insidiosos do pecado e a incapacidade da humanidade para redimir a si própria. A humanidade não é redimida, nem Deus é apropriadamente glorificado, a não ser pela ação misericordiosa de Deus em Jesus Cristo.

Recuperação da tradição anterior

37. Diversos teólogos católicos contemporâneos procuram manter em tensão os temas "descendente" e "ascendente" da soteriologia clássica. Inclinando-se muitas vezes na direção de uma teologia narrativa ou dramática da redenção, esses autores recuperaram temas importantes das narrativas bíblicas, de Ireneu, Agostinho e Tomás de Aquino. O panorama a seguir foi baseado em materiais tirados de uma série de autores recentes.

38. Sendo distintas das teorias legalistas de restituição ou substituição penal, essas teorias colocam a ênfase sobre o que poderíamos chamar de liderança representativa. Embora não desconsiderem a oposição entre o Redentor e os redimidos, essas teorias enfatizam a maneira como Cristo se identifica com a humanidade caída. Ele é o novo Adão, o progenitor de uma humanidade redimida, a Cabeça ou a Videira a que os indivíduos devem ser incorporados como membros ou ramos. A participação sacramental é a maneira normal pela qual os indivíduos tornam-se membros do Corpo de Cristo e crescem em sua união com ele.

39. A teoria da representação entende a redenção como a intervenção misericordiosa de Deus na situação humana de pecado e sofrimento. O Verbo encarnado torna-se o ponto de união para a constituição de uma humanidade reconciliada e restaurada. Toda a carreira de Jesus, inclusive os mistérios de sua vida pública e privada, é redentora, mas atinge a culminação

no mistério pascal, por meio do qual Jesus, pela sua submissão amorosa à vontade do Pai, estabelece uma nova relação de aliança entre Deus e a humanidade. A morte de Jesus, que resulta inevitavelmente de sua oposição corajosa ao pecado humano, constitui o seu ato supremo de auto-entrega sacrifical e, neste aspecto, é agradável ao Pai e proporciona uma satisfação notável para a doença do pecado. Sem ser pessoalmente culpado nem punido por Deus pelos pecados de outros, Jesus amorosamente identifica-se com a humanidade pecadora e experimenta a dor de sua alienação de Deus.[112] Em sua humildade, Jesus permite que seus inimigos descarreguem seu ressentimento sobre ele. Dando amor em troca do ódio, e consentindo em sofrer como se fosse culpado, Jesus torna presente na história o amor misericordioso de Deus e abre um canal pelo qual a graça redentora pode fluir sobre o mundo.

40. A obra de redenção completa-se na vida ressuscitada do Salvador. Ao ressuscitar Jesus dos mortos, Deus o estabelece como fonte de vida para muitos. A ressurreição é o derramamento do amor criativo de Deus no espaço vazio criado pelo vácuo da auto-abnegação de Jesus. Por intermédio do Cristo ressuscitado, agindo no Espírito Santo, o processo de redenção continua até o fim dos tempos, com novos indivíduos sendo, por assim dizer, "enxertados" no corpo de Cristo. Os pecadores são redimidos quando se abrem para a auto-entrega generosa de Deus em Cristo; quando, com a ajuda dessa graça, imitam sua obediência e quando depositam sua esperança de salvação na continuada misericórdia de Deus em seu Filho. Em suma, ser redimido é entrar em comunhão com Deus por meio da solidariedade com Cristo. No corpo de Cristo, as paredes de divisão são progressivamente demolidas; a reconciliação e a paz são alcançadas.

---

112. Cf. *Catecismo da Igreja Católica*, São Paulo, 1993, § 603.

Parte
IV

Perspectivas sistemáticas

a) A identidade do Redentor: quem é o Redentor?

1. A partir das próprias idéias de pecado ou queda, por um lado, e de graça ou divinização, por outro, parece evidente que a natureza humana caída não era por si só capaz de restaurar seu relacionamento rompido com Deus e voltar a ter amizade com ele. Portanto, um verdadeiro Redentor teria de ser divino. Era altamente apropriado, no entanto, que a humanidade desempenhasse um papel na reparação de sua própria falta coletiva. Nas palavras de Tomás de Aquino, "Um mero homem não poderia prestar satisfação por toda a raça humana; mas Deus não precisava prestar essa satisfação; portanto, era necessário *(oportebat)* que Jesus Cristo fosse tanto Deus quanto homem".[113] De acordo com a fé cristã, Deus não cancelou a culpa humana sem a participação da humanidade na pessoa do novo Adão, em quem toda a raça haveria de ser regenerada.

2. Assim, a redenção é um processo que envolve tanto a divindade quanto a humanidade de Cristo. Se ele não fosse divino, não poderia pronunciar o julgamento de perdão efetivo de Deus, nem poderia ter parte na vida Trinitária interior de

---

113. *S. Theol.* III.1.2c.

Deus. Mas, se não fosse homem, Jesus Cristo não poderia fazer a reparação em nome da humanidade pelos pecados cometidos por Adão e seus descendentes. Somente por ter as duas naturezas é que ele pôde ser a cabeça representante que oferece satisfação por todos os pecadores e a eles confere a graça.

3. Como uma obra *ad extra* de Deus, a redenção é atribuível a todas as três pessoas divinas, mas é atribuída a cada uma delas em diferentes aspectos. A iniciativa pela qual o Filho e o Espírito Santo são enviados ao mundo é atribuída ao Pai, a fonte original de quem fluem todas as bênçãos. O Filho, na medida em que se torna encarnado e morre na Cruz, produz a reversão pela qual somos transformados da inimizade para a amizade com Deus. O Espírito Santo, enviado para a mente e o coração dos fiéis, permite-lhes participar pessoalmente dos benefícios da ação redentora de Deus. Depois da Ascensão de Cristo, o Espírito Santo torna presentes os frutos da atividade redentora de Cristo na Igreja e por meio dela.[114]

4. Quem é o Redentor? Esta pergunta só pode ser respondida de dentro da Igreja e pela Igreja. Conhecer o Redentor é pertencer à Igreja. Agostinho deu ênfase a esse ponto em seu ensinamento sobre o Cristo total, *Christus totus*, Cabeça e Membros juntos. Como disse Gregório, o Grande, "Nosso Redentor é considerado uma só pessoa com a santa Igreja, que ele criou como sua".[115] A vida da Igreja como o corpo de Cristo não pode ser amputada da vida da Cabeça. João Eudes oferece uma abordagem inicial para uma descrição da individualidade do Redentor: "Devemos ir adiante e completar, em nós mesmos, as disposições e mistérios de Jesus e pedir freqüentemente a ele que os realize e aperfeiçoe em nós e em toda a sua Igreja... O Filho de Deus de fato deseja... nos fazer compartilhar dos seus mistérios, desenvolvê-los e continuá-los de

---

114. Os vínculos entre as missões do Filho e do Espírito Santo no mistério da redenção são explorados por João Paulo II em sua Encíclica de 1986, *Dominum et vivificantem*, especialmente §§ 11, 14, 24, 28 e 63.
115. *Mor. praef* 1.6.4; cf. *Catecismo da Igreja Católica* (CIC) § 795 para ulteriores referências.

alguma forma em nós e em toda a sua Igreja".[116] *Gaudium et spes* 22 expressa esta abrangente individualidade do Redentor: "Na verdade é apenas no mistério do Verbo feito carne que o mistério do homem de fato se torna claro. Porque Adão, o primeiro homem, foi uma representação daquele que deveria vir, Cristo, o Senhor. Cristo, o novo Adão, na própria revelação do mistério do Pai e de seu amor, revela inteiramente o ser humano a si mesmo e traz à luz o seu mais alto chamado... A natureza humana, pelo próprio fato de ter sido assumida, e não absorvida, por ele, também foi elevada em nós a uma dignidade além de toda comparação. Pois, por sua encarnação, ele, o Filho de Deus, de certo modo se uniu a cada pessoa humana. Ele trabalhou com mãos humanas, pensou com uma mente humana. Agiu com vontade humana e, com um coração humano, ele amou". João Paulo II faz eco a isso em *Redemptor hominis* 13,3: "Cristo uniu-se para sempre a cada homem por meio do mistério da Redenção".

5. Pela encarnação do Verbo, a individualidade do Redentor torna-se discernível para nós já com toda a sua força redentora. No mistério pascal, o Redentor pôs a salvação à disposição de todos: "Quanto a mim, quando eu for elevado da terra, atrairei a mim todos os homens" (Jo 12,32). A dádiva de Pentecostes permitiu que seus apóstolos e discípulos finalmente reconhecessem quem e o que era Jesus, quando, na comunidade da Igreja — no ensinamento, na fração do pão e nas orações (At 2,42) —, eles tomaram consciência do que Jesus havia feito por eles, o que lhes havia ensinado e ordenado. Esta é precisamente a função do Espírito Santo na teologia joanina (cf. Jo 16,13-15).

6. Por essa razão nós, como seres humanos, podemos ficar conhecendo quem é o Redentor, mas apenas dentro da comunidade da Igreja e por meio dela. Cristo não pode ser isolado da Igreja. Cristo é precisamente aquele que alimenta seu corpo como Igreja e, assim, atrai a comunidade de fiéis para a obra

---

116. Citado em CIC 521; para toda esta questão, cf. CIC 512-570.

de realização da redenção. Também seria um erro sobrecarregar a Igreja com uma autonomia que ela não poderia suportar sozinha.

7. A individualidade de Cristo deve ser entendida dentro desta "constelação cristológica" que toma forma concreta na Igreja. O mistério da Páscoa forma o contexto para o ano litúrgico da Igreja.[117] Os cristãos são convidados — por meio da objetividade de sua fé *(fides quae)* e também de acordo com suas próprias possibilidades dentro da comunidade da Igreja — a confessar e pregar Cristo como o único Redentor deste mundo, de modo que a Igreja é o sacramento da Salvação universal. O evento de Cristo estará acessível por meio da Igreja na medida em que a Igreja percebe, explica e prega a individualidade do Redentor.

8. A Igreja torna presente o único Redentor no sentido de que, como uma comunidade *(koinonía)* que vive o mistério da Páscoa, ela dá as boas vindas a todos que experimentarem a justificação em Cristo no Batismo ou no sacramento da reconciliação e que desejarem vivenciar a redenção. Embora devamos levar em consideração que a comunhão no sacrifício de Cristo *("prosphorá")* também implica a participação nos seus sofrimentos,[118] este sofrimento com Cristo que é expresso sacramental e efetivamente na vida cristã contribui para a construção da Igreja e, portanto, é redentor.

9. O significado da redenção e a individualidade do Redentor são revelados nas atividades que constituem a Igreja neste mundo: *martyria, diakonía* e *leitourgía*. Como a *koinonía* do Senhor, a Igreja convoca a humanidade a um estilo de vida altruísta *(prosphorá)*, que tem sua base principalmente na Eucaristia, mas também na comunhão dos santos — em que Maria desfruta de um lugar especial. Este conhecimento, adquirido a partir da fé vivida da Igreja, de que existe uma intersubjetividade entre os redimidos e o único Redentor, pode ser

---

117. cf. *Sacrosanctum Concilium*, 102-104.
118. cf. Cl 1,24.

objetivada em declarações teológicas genuínas. Tais declarações, quando partem da objetividade do Redentor, podem reforçar a vida de fé do indivíduo, dando-lhe uma forma precisa. Por exemplo, é bastante antiga e inseparavelmente unida ao conhecimento da individualidade do Redentor a celebração do domingo como o Dia da Ressurreição daquele que foi crucificado.

10. A associação da Igreja na obra redentora de Cristo é eminentemente confirmada na pessoa de Maria, Mãe da Igreja. Por uma graça singular, ela foi preservada de todo pecado e sua associação com a obra redentora de Cristo chegaria a seu ponto mais alto na Crucifixão, quando, "sofrendo profundamente com seu Filho unigênito... ela se uniu com coração maternal ao sacrifício dele e, amorosamente, consentiu na imolação desta vítima que ela mesma trouxera ao mundo..."[119] Nas palavras de João Paulo II, "Com a morte redentora de seu Filho, a mediação maternal da virgem do Senhor assumiu dimensão universal. Em seu caráter subordinado, a cooperação de Maria compartilha da universalidade da mediação do Redentor, o único Mediador".[120]

11. O Pai nos fez seus filhos ao nos redimir por meio da vontade humana de Cristo. Pelo fato de Cristo ter obedecido a vontade do Pai e dado sua vida por muitos,[121] sua pessoa e sua obra de Redenção em nosso mundo adquirem um significado e uma dignidade singulares e incomparáveis. A condição de Cristo vir do Pai continua na sua entrega por nós. Este relacionamento único, por sua própria natureza, não pode ser teologicamente integrado a nenhuma outra religião, embora a obra de redenção seja acessível a todos. O fato de a vontade humana de Cristo como Redentor ser historicamente condicionada não exclui, por si só, a possibilidade de ela ser humanamente *sui generis*, o que é, talvez, o que a Carta aos Hebreus chama de "obediência aprendida", uma obediência que Cristo

---

119. *Lumen gentium*, 58.
120. *Redemptoris Mater* (1987), § 40.
121. cf. Mc 14,24; 10,45; CTI 1985 (A consciência de Cristo sobre si mesmo e sua missão) tese 2.

cumprirá radicalmente no mistério pascal. Como esta vontade humana de Cristo como Redentor está totalmente de acordo com a vontade divina ("Mas não se faça a minha vontade, mas a tua!"), Cristo também é, como mediador encarnado, nosso advogado no santuário celestial.[122]

12. Sem dúvida alguma, a idéia do Redentor que se entrega por todos depende, sem dúvida, do mistério da Páscoa, mas também do mistério da encarnação e dos mistérios da vida de Cristo que são, para os cristãos, um convite e um exemplo para viverem sua vida como *"filii in Filio"*.[123] Aqui fica claro que a vida cristã tem uma dimensão Trinitária. No curso da justificação que o fiel pode receber na Igreja, a experiência cristã passa, com o Redentor, para uma santificação da vida redimida, que é orientada e aperfeiçoada — mais intensamente do que na justificação — pelo Espírito Santo. Isso significa que somos convidados, por intermédio de Cristo no Espírito Santo, a compartilhar, já agora, a vida divina da Trindade. A dádiva do Pai, ou seja, a pessoa de seu Filho e a comunhão no Espírito Santo, impossibilita dessa forma um pelagianismo que tentasse justificar a natureza humana pelos seus próprios recursos, e exclui igualmente um quietismo que envolvesse pouco demais a pessoa humana.

13. A vida cristã é corretamente considerada na tradição como uma preparação para a comunhão eterna com Deus. Nesse sentido, estamos viajando "na carne" em direção ao nosso único Senhor, o Redentor, de maneira a, um dia, estarmos mais completamente unidos a ele. No entanto, a individualidade do Redentor é revelada na vida dos fiéis aqui e agora. Neste mundo, marcado como é pela bondade da criação e pelo pecado da Queda, os cristãos procuram, por sua imitação de Cristo, vivenciar e propagar a redenção. Um procedimento virtuoso e o exemplo de um estilo de vida cristão tornam possível para as pessoas de todas as épocas saber quem é o único Redentor deste mundo. Evangelização é precisamente isso.

---

122. *Carta aos Hebreus* 5,8; Orações Eucarísticas.
123. cf. Rm 8,15-17.

b) A humanidade caída e redimida

14. A fé cristã na Redenção é, acima de tudo, a fé em Deus. Em Jesus Cristo, Seu único Filho Encarnado, "aquele que os homens chamam de Deus" (São Tomé), revela-se revelando a si mesmo como o único e verdadeiro salvador, em quem todos podem confiar. Ao mesmo tempo, no entanto, devemos observar que este Deus-salvador também revela a *humanidade* para ela mesma, e a própria condição desta fica, assim, radicalmente situada e constantemente chamada a se autodefinir em relação à salvação que lhe é oferecida.

15. Como é a condição humana iluminada pela salvação que Deus lhe oferece em Jesus Cristo? Como a humanidade se apresenta diante da redenção? A resposta poderia esclarecer a histórica situação humana mas, como observamos no Capítulo I, também é marcada por importantes contrastes.

16. Seria possível dizer que, diante da redenção que Jesus Cristo oferece, a humanidade descobre que é fundamentalmente orientada para a salvação e profundamente marcada pelo pecado.

Humanidade para a salvação

17. A primeira luz que a redenção de Cristo lança sobre a humanidade é que Ele a revela para si mesma como sendo, ao mesmo tempo, *destinada* à salvação e *capaz* de aceitá-la.

18. Toda a tradição bíblica está cheia de situações em que o povo de Israel — ou os grupos de pessoas pobres que são chamados a formar o povo de Israel — foi levado a procurar e confessar seu Deus por meio de intervenções pelas quais Deus o salva da aflição e perdição. Desde as aventuras do Êxodo, onde o Senhor interferiu com mão forte e braços estendidos, até o perdão dado aos corações sofridos e arrependidos, fica claro que, para o povo de Deus e para cada fiel, Deus revela-se na medida em que oferece a *salvação*.

19. Mas, de maneira análoga, fica claro que Deus intervém e, assim, revela-se em relação a uma *necessidade* de salvação claramente manifestada em suas verdadeiras dimensões para aqueles que se beneficiam da salvação que Deus lhes oferece. Essa característica geral da revelação bíblica será salientada no Novo Testamento.

20. Deus foi tão fiel ao Seu "compromisso" com a humanidade, a Seu plano para uma aliança com a humanidade, que, "no momento indicado", mandou ao mundo o Seu único Filho. Em outras palavras, Deus não se satisfez apenas em intervir "de fora", por meio de intermediários, ou seja, permanecendo à distância daqueles que Ele desejava salvar. Em Jesus Cristo, Deus colocou-se no meio dos homens, Deus tornou-se um deles. O Pai mandou Seu único Filho, no Espírito Santo, para compartilhar da condição humana (em todas as coisas, exceto o pecado), de modo a estabelecer a comunicação com a humanidade. Isso foi feito para permitir que os homens recuperassem inteiramente o favor de Deus e entrassem por completo na vida Divina. O resultado é que a condição humana se vê numa perspectiva completamente nova.

21. A condição humana aparece, acima de tudo, como *o objeto de um amor* que pode ir "aos extremos": a prova de que Deus nos ama é que "Cristo morreu por nós quando ainda éramos pecadores" (Rm 5,8), e "se Deus é por nós, quem será contra nós? Ele, que não poupou o seu próprio Filho, mas o entregou por nós todos, como, junto com o seu Filho, não nos daria todas as coisas?" (Rm 8,31-32).

22. E existe ainda a *totalidade do destino* que espera a humanidade, de acordo com a vontade salvífica que Deus manifestou a este respeito em seu Filho, que se encarnou, morreu e ressuscitou dos mortos. Há também a natureza radical da salvação que Deus destina à humanidade em Jesus Cristo: ela é convidada a entrar, por sua vez, no dinamismo do mistério pascal de Jesus, o Cristo. Por um lado, esta salvação assume a forma de uma *filiação* no Espírito de Cristo, o Filho. Atraídos e apoiados pelo Espírito Santo (participantes por meio dos sacramen-

tos), os homens são chamados a viver pela fé e na esperança a sua condição de filhos do Pai que está nos céus, mas com a responsabilidade de cumprir Sua vontade na terra, amando e servindo aos seus irmãos no amor.

23. Por outro lado, se não lhes são negadas as experiências de esperança e tristeza, de fato os sofrimentos deste mundo, eles sabem que a graça de Deus — a presença ativa neles do Seu amor e misericórdia — irá acompanhá-los em todas as circunstâncias. E, se têm de experimentar também a morte, eles sabem que ela não selará o seu destino, pois têm a promessa da ressurreição do corpo e da vida eterna.

24. Embora a humanidade pareça ser pobre e indigna, não devemos concluir que ela é totalmente sem valor aos olhos de Deus. Pelo contrário, a Bíblia nos recorda o tempo todo que, se Deus intervém em favor da humanidade, é precisamente porque Deus considera os seres humanos dignos de sua intervenção. Devemos lembrar, por exemplo, a garantia dada a Israel, no momento de seu mais profundo sofrimento: "pelo fato de valeres muito aos meus olhos, de teres peso e de eu te amar" (Is 43,4).

25. Em outras palavras, de acordo com a fé bíblica e cristã, apesar de tudo o que é negativo na humanidade, existe ali alguma coisa que é *"capaz de ser salva"*, porque ela é *capaz de ser amada* pelo Próprio Deus e, conseqüentemente, é *amada por Ele*. Como pode ser isso, e como a pessoa humana se apercebe disso?

26. A resposta bíblica e cristã é dada na doutrina da criação. Segundo esta doutrina, a humanidade e o mundo não têm direito a existir mas, apesar disso, não são resultado do "acaso e da necessidade". Existem porque foram e são chamados a existir. Foram chamados quando ainda não tinham existência, de maneira que viessem a existir. São chamados da não-existência para ser dados a si mesmos e, assim, existir em si mesmos.

27. Mas se é esta a condição nativa do homem neste mundo, a condição que o define precisamente como um pregador, há conseqüências importantes que a fé torna explícitas.

28. Deus não cria a humanidade sem ter uma intenção. Ele a cria pela mesma razão revelada nas intervenções divinas na história: por amor pela humanidade e para o seu bem. De forma mais precisa, ele cria a pessoa humana para fazer uma aliança com ela, com vistas a torná-la participante da sua própria vida. Ou seja, se existe a criação, é *por graça*, pela vida de Deus, com Deus e para Deus.

29. Se Deus nos chama para um destino que claramente ultrapassa nossa capacidade humana, já que só pode ser pura graça, também é verdade que esse destino deve *corresponder ao que a pessoa humana é como tal*. Caso contrário, seria uma outra pessoa que não aquela que é chamada para ser salva que receberia o dom de Deus e seria beneficiária da graça. Neste sentido, embora respeitando a gratuidade da graça, a natureza humana é orientada para o sobrenatural, e realiza-se nele e por meio dele, de tal maneira que a natureza da humanidade fica aberta para o sobrenatural *(capax Dei)*.

30. No entanto, como isso só tem significado no contexto de uma aliança, deve-se também observar que Deus não impõe Sua graça à humanidade; Ele simplesmente a oferece. No entanto, *isso envolve um risco*. Usando a liberdade que Deus lhe conferiu, o ser humano pode nem sempre agir em harmonia com as intenções de Deus, mas pode usar mal os talentos que Deus lhe conferiu para seus próprios fins e sua própria glória.

31. Deus concedeu esses dons para que o desejo que levaria a humanidade a procurar e a encontrar Deus como sua única realização viesse da própria pessoa humana. Mas o homem sempre pode reorientar o dinamismo de sua natureza e o movimento de seu coração. Apesar disso, permanece verdadeiro o fato de que o ser humano foi constituído e continuará como tal pelo amor de Deus: pela graça e salvação que Deus pretende para ele.

A humanidade em pecado

32. A redenção de Cristo nos dá um segundo ponto de vista com relação à humanidade em sua condição histórica: os aspectos

negativos que a caracterizam também são resultado do pecado humano, mas isto não coloca em dúvida a fidelidade de Deus ao Seu amor criador e salvador.

33. Como é o caso em qualquer experiência comum, a fé precisa levar em consideração os aspectos negativos da condição humana. Ela não pode ignorar que, na história, nem tudo ocorre de acordo com as intenções de Deus, o Criador. No entanto, isto não invalida a fé: o Deus que a fé professa é digno de confiança. Deus não só manteve-se firme em Sua primeira intenção, como também procurou os meios de restaurar, de um modo realmente admirável, aquilo que havia sido prometido. Intervindo em Jesus Cristo, ele mostrou-Se fiel a Si mesmo, apesar da infidelidade do homem, Seu parceiro na aliança.

34. Ao mandar Seu único Filho em forma humana, Deus, o criador e salvador do mundo, removeu toda justificativa que pusesse em dúvida o plano divino de uma aliança salvadora.

35. Esta manifestação da fidelidade de Deus à sua aliança mostra os aspectos negativos da condição humana e, conseqüentemente, a extensão e profundidade da necessidade de salvação no seio da raça humana.

36. Se de fato Deus teve de mandar Seu único Filho para *restaurar* Seu plano de salvação fundamentado no próprio ato da criação, é porque esse plano havia sido realmente comprometido. Seu sucesso está relacionado com esse "reinício", que Ireneu chama de "recapitulação". Se o Filho tornou-se encarnado para *restabelecer* a aliança de Deus, é porque a aliança foi rompida não pela vontade de Deus, mas pela vontade dos homens. E se, para poder restabelecê-la, o Filho Encarnado teve de fazer a vontade do Pai, se Ele teve de ser *obediente até a morte*, mesmo a morte na cruz, é porque a verdadeira fonte do infortúnio humano está na sua desobediência, no seu pecado, na sua recusa em caminhar pelas trilhas da aliança oferecida por Deus.

37. Assim, a encarnação, vida, morte e ressurreição do Filho único de Deus, além de revelar o amor de Deus, o Salvador, ao mesmo tempo revela a condição humana à própria humanidade.

38. Se Jesus aparece como o único caminho para a salvação, é porque a humanidade O necessita para sua salvação, e porque, sem Ele, ela estará perdida. Portanto, devemos reconhecer que todas as pessoas, e o mundo inteiro, estavam "submetidos ao pecado" (Gl 3,22), e que isso tem sido assim "desde o princípio". Portanto, pode-se dizer que Jesus apareceu para "restaurar" a condição humana de um modo radical, ou seja, com um novo começo.

39. Pode-se dizer que Cristo representa mais um "começo" do que o próprio Adão. *O amor "original"* é mais importante do que o *pecado "original"*, já que a raça humana só tomou conhecimento completo da extensão e profundidade do pecado que caracteriza sua condição no momento em que, em Jesus Cristo, foram revelados "a largura, o comprimento, a altitude e a profundidade" (Ef 3,18) do amor de Deus por toda a raça humana.

40. Se Deus mandou Seu único Filho para reabrir as portas da salvação para todos, é porque Ele não mudou Sua atitude com relação à humanidade; a mudança foi por parte da raça humana. A aliança desejada desde o princípio pelo Deus de amor ficou comprometida pelo pecado humano. Conseqüentemente, havia um conflito entre o plano de Deus, de um lado, e o comportamento e os desejos humanos, de outro (Rm 5,12).

41. Ao recusar o convite que Deus fez desde o princípio, a humanidade desviou-se de seu verdadeiro destino, e os acontecimentos da história são marcados por uma alienação em relação a Deus e a Seu plano de amor; de fato, a história é marcada por uma rejeição de Deus.

42. A vinda do Filho único de Deus para o seio da história humana revela a vontade divina de insistir na aplicação de seu plano apesar da oposição enfrentada. Além de levar em conta a gravidade do pecado e de suas conseqüências por parte da huma-

nidade — o "mistério" da iniqüidade —, o mistério de Cristo, e particularmente Sua cruz, é a revelação clara e definitiva da natureza misericordiosa, radicalmente clemente e escatologicamente vitoriosa, do amor de Deus.

43. Aqui podemos notar o tradicional tema patrístico e agostiniano dos dois "Adãos". Não se observa uma tentativa de criar essa equivalência mas, mesmo assim, a sua *aproximação* tradicional é rica em significado. As principais passagens paulinas que traçam o paralelo (Rm 5,12-15 e 1Cor 15,21-22; 45-47) usam-no para colocar em destaque a dimensão universal do pecado, por um lado, e da salvação, por outro. Em sua aplicação, esse paralelo é dominado pela idéia do "muito mais" que a balança pende em favor de Cristo e da salvação: se o primeiro Adão tem uma dimensão universal na ordem da Queda, muito mais o segundo adquiriu essa dimensão universal *na ordem da salvação:* em outras palavras, por meio da dimensão universal de Sua oferenda e da eficácia escatológica de sua comunicação.

44. Portanto, é assim que aparece a condição humana: dividida entre dois Adãos. E é assim que a fé cristã interpreta esta situação "de contraste" que qualquer pessoa, mesmo fora do contexto da fé, pode reconhecer como uma característica da condição histórica da pessoa humana. Mergulhada em uma história de pecado, desobediência e morte, como resultado de suas origens em Adão, a humanidade é chamada a entrar em solidariedade com o novo Adão que Deus enviou: Seu único Filho, que morreu por nossos pecados e ressuscitou para nossa justificação. A fé cristã deixa claro que, com o primeiro Adão, houve uma proliferação de pecado, e com o segundo Adão, uma superabundância de graça.[124]

45. Todo o curso da história humana e o coração de cada pessoa constituem o palco em que o drama da salvação e da vida de todos os seres humanos, e da graça e glória de Deus, tem sido encenado entre esses dois Adãos.

---

124. cf. CIC 412, citando Rm 5,20 e Aquino, *S. Theol.* III.1.3 ad 3.

c) O mundo sob a graça redentora

A humanidade sob o sinal da redenção

46. Foi principalmente para salvar os seres humanos que o Filho de Deus tornou-se nosso irmão (Hb 2,17), como nós em todas as coisas, exceto o pecado (Hb 4,15). De acordo com certos autores patrísticos (inclusive Ireneu e Atanásio, conforme mencionado na Parte III, acima), pode-se afirmar que, embora não possa haver uma "encarnação coletiva", a encarnação do Logos afeta toda a natureza humana. Na medida em que um membro da família humana é o próprio Filho de Deus, todos os outros são elevados a uma nova dignidade, como seus irmãos e irmãs. Precisamente porque a natureza humana que Cristo assumiu manteve sua identidade de criatura, a própria natureza humana foi erguida a uma condição mais elevada. Como lemos na *Constituição Pastoral sobre a Igreja no mundo moderno*, "por sua encarnação, o Filho de Deus uniu-se de certo modo a todos os seres humanos".[125] Como "segundo Adão", Cristo recapitula a humanidade diante de Deus, torna-se a cabeça de uma família renovada e restaura a imagem de Deus à sua verdade original. Revelando o mistério do amor do Pai, Cristo mostra totalmente a humanidade a si mesma e revela o supremo chamado a cada indivíduo.[126]

47. Em sua relação com o destino final dos homens, a obra redentora de Cristo afeta todos os seres humanos, já que todos são chamados para a vida eterna. Ao derramar seu sangue na cruz, Cristo estabeleceu uma nova aliança, um regime de graça, que é dirigido a toda a humanidade. Cada um de nós pode dizer com o apóstolo: "(Ele) me amou e se entregou por mim" (Gl 2,20). Todos são chamados a participar, por adoção, da própria filiação de Jesus. Deus não faz este chamado sem nos dar a capacidade de responder a ele. Assim, o Vaticano II nos

---

125. *Gaudium et spes*, 22; cf. *Redemptor hominis*, n°s. 8,13 e *passim*.
126. *Gaudium et spes*, 22; *Veritatis splendor*, 2.

ensina que nenhum ser humáno, mesmo alguém que nunca tenha ouvido o evangelho, deixa de ser tocado pela graça de Cristo.[127] "Devemos acreditar que o Espírito Santo, de um modo conhecido apenas por Deus, oferece a todos a possibilidade de se associar a este mistério pascal".[128] Embora respeitando totalmente os desígnios misteriosos da divina Providência com relação aos não evangelizados, a atenção focaliza-se aqui no plano revelado de salvação, que mostra as deliberações misericordiosas de Deus e a maneira como Deus é devidamente glorificado.

A resposta da fé

48. A primeira condição para se entrar na nova aliança da graça é ter uma fé modelada na de Abraão (Rm 4,1-25). A fé é a resposta fundamental à Boa Nova do evangelho. Ninguém pode ser salvo sem fé, que é o fundamento e raiz de toda justificação.[129]

49. Para a vida de fé, não basta concordar mentalmente com o conteúdo do evangelho, ou depositar confiança na misericórdia divina. A redenção só toma conta de nós quando adquirimos uma nova existência, fundamentada na obediência amorosa.[130] Uma tal existência corresponde à concepção clássica da fé reavivada pela caridade.[131]

50. Pelo batismo, o sacramento da fé, o fiel é inserido no Corpo de Cristo, libertado do pecado original, e recebe a garantia da graça redentora. O fiel "veste" Cristo e caminha com vida renovada (Rm 4,6). Uma consciência renovada do mistério do batismo, como morte para o pecado e ressurreição para a verdadeira vida em Cristo, pode permitir aos cristãos experimen-

---

127. *Lumen gentium*, 16.
128. *Gaudium et spes*, 22.
129. Concílio de Trento, Sessão 6, cap. 8, DS 1532.
130. Rm 16,26; cf. *Veritatis splendor* 66, 88.
131. cf. Concílio de Trento, Sessão 6, caps. 7-9; DS 1530-1534.

tar a realidade da redenção e conquistar a alegria e a liberdade da vida no Espírito Santo.

Libertação

51. O batismo é o sacramento da libertação do pecado e do renascimento na liberdade recém-escolhida. Libertado do pecado pela graça de Deus, que desperta a resposta da fé, o fiel começa a jornada da vida cristã. Por meio da fé despertada pela graça, o fiel é libertado do domínio do mal e confiado a Jesus Cristo, o mestre que oferece a liberdade interior. Não se trata de uma mera liberdade de indiferença, que autoriza qualquer escolha possível, mas de uma liberdade de consciência que convida as pessoas, iluminadas pela graça de Cristo, a obedecer a mais profunda lei do seu ser e observar a regra do evangelho.

52. É apenas com a luz do evangelho que pode ser formada a consciência para seguir a vontade de Deus sem nenhuma restrição à sua liberdade. Como ensina o Vaticano II, "todos são obrigados a procurar a verdade, especialmente no que diz respeito a Deus e à sua Igreja, e uma vez que ela seja conhecida, abraçá-la e ser fiéis a ela. Este sínodo proclama ainda que estas obrigações tocam e comprometem a consciência humana, e que a verdade impõe-se apenas pela força de sua própria verdade, que entra na mente a um só tempo com suavidade e força".[132]

53. Os membros vivos do corpo de Cristo são feitos amigos de Deus e herdeiros em esperança da vida eterna.[133] Eles recebem as primícias do Espírito Santo (Rm 8,23), cuja caridade é derramada em seus corações.[134] Tal caridade, transbordando em obediência e boas obras,[135] renova os fiéis a partir de den-

---
132. *Dignitatis humanae*, 1; cf. 10.
133. Concílio de Trento, Sessão 6, cap. 7, DS 1528-1531.
134. Rm 5,5; cf. *Gaudium et spes*, 22.
135. Concílio de Trento, Sessão 6, caps. 7-10, DS 1530-35.

tro, tornando-os capazes de aderir espontaneamente à nova lei do evangelho.[136] A graça do Espírito Santo outorga paz interior e proporciona alegria e facilidade para acreditar nos mandamentos e observá-los.

Reconciliação

54. A libertação do pecado pela redenção em Cristo reconcilia a pessoa com Deus, com o próximo e com toda a criação. Como o pecado original e o pecado atual representam essencialmente uma rebelião contra Deus e a vontade divina, a redenção restabelece a paz e a comunicação entre o ser humano e o Criador: Deus é experimentado como o Pai que perdoa e recebe seu filho de volta. São Paulo fala de modo bastante eloqüente sobre o aspecto da reconciliação: "Se alguém está em Cristo, é uma nova criatura. O mundo antigo passou, eis que aí está uma realidade nova. Tudo vem de Deus, que *nos* reconciliou consigo pelo Cristo... Pois era Deus que em Cristo reconciliava o mundo consigo, não imputando aos homens as suas faltas, e pondo em nós a palavra de reconciliação... Em nome do Cristo, nós vos suplicamos, deixai-vos reconciliar com Deus" (2Cor 5,17-20).

55. A palavra do evangelho reconcilia aqueles que se rebelaram contra a lei de Deus e aponta um novo caminho de obediência para as profundezas de uma consciência iluminada por Cristo. Os cristãos devem reconciliar-se com seu próximo antes de se apresentarem diante do altar.[137]

56. O sacramento da penitência e reconciliação permite um retorno santificador ao mistério do batismo e constitui a forma sacramental de reconciliação com Deus e com a realidade de seu perdão, graças à redenção dada em Cristo.

57. Dentro da Igreja, os cristãos experimentam continuamente o mistério da reconciliação. Restabelecidos na paz com Deus e

---

136. *Ibid.*, cap. 11, DS 1536.
137. cf. Mt 5,24.

obedecendo aos mandamentos do evangelho, eles levam uma vida reconciliada com os outros, com quem são chamados a viver em comunidade. Reconciliados com o mundo, não mais profanam as suas belezas nem temem as suas forças. Ao contrário, procuram proteger e contemplar suas maravilhas.

Comunhão

58. A libertação do pecado, fortalecida pela reconciliação com Deus, com o próximo e com a criação, permite aos cristãos chegar à verdadeira comunhão com seu Criador, que se tornou seu Salvador. Nesta comunhão, eles realizam suas potencialidades latentes. Por maiores que sejam os poderes intelectuais e criativos da natureza humana, eles não podem proporcionar a realização tornada possível pela comunhão com Deus. A comunhão com a pessoa do Redentor torna-se comunhão com o Corpo de Cristo, isto é, a comunhão com todos os batizados em Cristo. Portanto, a redenção tem um caráter social: é na Igreja e pela Igreja, o Corpo de Cristo, que o indivíduo é salvo e entra em comunhão com Deus.

59. Unido aos fiéis batizados de todos os tempos e lugares, o cristão vive na comunhão dos santos, que é a comunhão das pessoas santificadas *(sancti)* por meio da recepção de coisas santas *(sancta)*: a palavra de Deus e os sacramentos da presença e ação de Cristo e do Espírito Santo.

Luta e sofrimento

60. Todos aqueles que vivem em Cristo são convocados a se tornar participantes ativos do processo contínuo de redenção. Incorporados no Corpo de Cristo, eles levam adiante a sua obra e, assim, entram em união mais estreita com ele. Do mesmo modo como ele foi um sinal de contradição, também o cristão individual e toda a Igreja tornam-se sinais de contradição ao lutar contra as forças do pecado e da destruição, em meio ao sofrimento e à tentação. Os fiéis são unidos ao Senhor

por suas orações (2Cor 1,11; 1Tm 2,1-4), suas obras (1Cor 3,9-14) e seus sofrimentos,[138] que têm valor redentor quando unidos e assumidos na ação do próprio Cristo. Como toda ação humana meritória é inspirada e dirigida pela graça divina, Agostinho pôde declarar que Deus deseja que suas dádivas se transformem em nossos méritos.[139]

61. A comunhão dos santos implica um intercâmbio de sofrimentos, honras e alegrias, orações e intercessões, entre todos os membros do Corpo de Cristo, inclusive aqueles que passaram antes de nós para a glória. "Se um membro sofre, todos os membros participam do seu sofrimento; se um membro é glorificado, todos os membros participam da sua alegria. Ora, vós sois o corpo de Cristo, e sois os seus membros cada um no que lhe cabe" (1Cor 12,26-27).

62. Em virtude da reconciliação mútua dos cristãos no Corpo de Cristo, o sofrimento de cada um é uma participação no sofrimento redentor de Cristo. Sofrendo no serviço do evangelho, o cristão completa na sua carne o que falta às tribulações de Cristo, "em favor do seu Corpo que é a Igreja" (Cl 1,24). Os fiéis não devem fugir do sofrimento, mas encontrar nele um meio eficiente de união com a cruz de Cristo. Para eles, isto torna-se uma intercessão por intermédio de Cristo e da Igreja. A redenção envolve uma aceitação do sofrimento com o Crucificado. As tribulações externas são aliviadas pelo conforto das promessas de Deus e por um antegozo das bênçãos eternas.

Solidariedade eclesial

63. A redenção tem um aspecto eclesial na medida em que a Igreja foi instituída por Cristo "para perpetuar a obra salvadora da redenção".[140] Cristo amou a Igreja como sua esposa e se en-

---

138. cf. 2Cor 4,10-11; Cl 1,24.
139. Agostinho, *De Gratia et libero arbitrio*, c.8, 20, PL 44,893; cf. Concílio de Trento, Sessão 6, cap. 16, DS 1548.
140. *Pastor aeternus*, DS 3050.

tregou para santificá-la (Ef 5,25-26). Por meio do Espírito Santo, Cristo faz-se presente na Igreja, que é "a semente e o começo do Reino (de Deus) na terra".[141] Embora prejudicada pelos pecados e divisões entre seus membros, que freqüentemente deixam de refletir o verdadeiro semblante de Cristo,[142] a Igreja permanece, em sua realidade mais profunda, como o templo santo do qual os fiéis são as "pedras vivas".[143] Procura sempre purificar-se para poder se mostrar manifestamente como o "sacramento universal" da salvação,[144] o sinal e instrumento da união entre os seres humanos e deles com Deus.[145] A Igreja tem a tarefa de proclamar a mensagem salvadora e atualizar o evento salvador pela celebração sacramental.

64. As diferentes fases da redenção revelam-se dentro da Igreja, onde a libertação, a reconciliação e a comunhão já descritas devem ser alcançadas. A vida na Santa Igreja, o corpo do Redentor, permite aos cristãos obter a cura progressiva de sua natureza, ferida pelo pecado. Em solidariedade com os demais fiéis na Igreja, o cristão experimenta uma libertação progressiva de todas as escravidões alienantes e encontra uma verdadeira comunidade que vence o isolamento.

65. A vida de fé fortifica os cristãos na garantia de que Deus perdoou os seus pecados e de que eles encontraram a comunhão e a paz uns com os outros. A vida espiritual do indivíduo é enriquecida pelo intercâmbio de fé e oração na comunhão dos santos.

66. Na celebração da Eucaristia, o cristão encontra a totalidade da vida eclesial e a comunhão com o Redentor. Nesse sacramento, os fiéis dão graças pelas dádivas de Deus, unem-se à autoentrega de Jesus e participam do movimento salutar de sua vida e morte. Na Eucaristia, a comunidade é libertada do peso do pecado e revivificada na própria fonte de sua existência. "Na freqüência com que o sacrifício da cruz, pelo qual 'Cristo,

---

141. *Lumen gentium*, 5.
142. *Gaudium et spes*, 19.
143. 1Pd 2,5; cf. *Lumen gentium*, 6.
144. *Lumen gentium*, 48.
145. *Lumen gentium*, 1.

nossa Páscoa, foi imolado' (1Cor 5,7), é celebrado no altar, a obra de nossa redenção é realizada".[146] Participando da Eucaristia, o cristão individual é nutrido e transformado no Corpo de Cristo, sendo inserido mais profundamente na comunhão libertadora da Igreja.

67. A comunhão Eucarística concede o perdão dos pecados no sangue de Cristo. Como remédio da imortalidade, esse sacramento remove os efeitos do pecado e confere a graça de uma vida mais elevada.[147]

68. A Eucaristia, como sacrifício e comunhão, é uma antecipação do Reino de Deus e da felicidade da vida eterna. Este júbilo é expresso na liturgia Eucarística, que permite aos cristãos, no nível da comemoração sacramental, viver os mistérios do Redentor que liberta, perdoa e une os membros da Igreja.

Santificação

69. Libertado do pecado, reconciliado e vivendo em comunhão com Deus e a Igreja, o fiel passa por um processo de santificação que começa com o batismo e segue com a morte para o pecado e a nova vida com Cristo ressuscitado. Escutando a palavra de Deus e participando dos sacramentos e da vida da Igreja, o cristão é gradualmente transformado de acordo com a vontade de Deus e configurado à imagem de Cristo, para produzir os frutos do Espírito Santo.

70. A santificação é uma participação na santidade de Deus que, pela graça recebida na fé, progressivamente modifica a existência humana para moldá-la de acordo com o padrão de Cristo. Essa transfiguração pode passar por altos e baixos, dependendo de o indivíduo obedecer à ação do Espírito Santo ou submeter-se de novo às seduções do pecado. Mesmo depois do pecado, o cristão é erguido de novo pela graça dos sacramentos e convocado a seguir adiante na santificação.

---

146. *Lumen gentium*, 3.
147. Inácio de Antioquia, *Efésios* 20,2.

71. Toda a vida cristã está compreendida e resumida na caridade, no amor desinteressado por Deus e pelo próximo. São Paulo chama a caridade de "fruto do Espírito" (Gl 5,22) e apresenta as muitas implicações desta caridade, tanto em sua lista dos frutos do Espírito Santo (Gl 5,22-23) como no seu hino à caridade (1Cor 13,4-7).

Sociedade e cosmos

72. A redenção tem efeitos que se estendem muito além da vida interior e das relações mútuas dos cristãos na Igreja. Ela dissemina sua influência na medida em que a graça de Cristo tende a aliviar tudo o que leva ao conflito, injustiça e opressão, contribuindo assim para o que o Papa Paulo VI chamou de uma "civilização de amor". As "estruturas do pecado" erigidas pela sede de lucro e poder pessoal não podem ser superadas a não ser por meio de "um compromisso com o bem do próximo, com uma disposição, no sentido evangélico, de 'perder-se' pelo bem do próximo".[148] O amor desinteressado de Cristo, ao transformar a vida dos fiéis, rompe o círculo vicioso da violência humana. A verdadeira amizade estabelece um clima favorável à paz e à justiça, contribuindo deste modo para a redenção da sociedade.

73. Continua sendo verdade que, como vários papas já advertiram, a redenção não pode ser reduzida à libertação da ordem sócio-política.[149] As situações de pecado social são resultado do acúmulo e concentração de muitos pecados pessoais.[150] As mudanças nas estruturas sociais, mesmo melhorando a sorte dos pobres, não podem por si mesmas vencer o pecado ou incutir a santidade, que reside no centro do desígnio redentor de Deus e também é, em certo sentido, seu objetivo.[151] Por outro lado, as pessoas que sofrem com a pobreza e a opressão,

---

148. *Sollicitudo rei socialis*, 38.
149. Paulo VI, *Evangelii Nuntiandi*, n.os 32-35.
150. João Paulo II, *Reconciliatio et paenitentia*, 16.
151. cf. 1Ts 4,3; cf. Ef 1,4.

males de que nem o próprio Cristo escapou, podem receber abundantemente a graça redentora de Deus e ser contados entre os pobres que Cristo chamou de bem-aventurados (Mt 5,3).

74. A redenção tem um aspecto cósmico, porque Deus se alegra, por intermédio de Cristo, em "tudo reconciliar por meio dele e para ele, na terra e nos céus, tendo estabelecido a paz pelo sangue de sua cruz" (Cl 1,20). Paulo pode dizer que a criação inteira geme interiormente, como que em dores de parto, enquanto espera por uma redenção que a libertará para compartilhar da gloriosa liberdade dos filhos de Deus (Rm 8,19-25). O livro do Apocalipse, seguindo Isaías, fala de "um céu novo e uma nova terra" como resultado final da redenção.[152] Na sua liturgia da Sexta-feira Santa, a Igreja canta os céus e mares purificados pelo sangue de Cristo *("terra, pontus, astra, mundus,/ quo lavantur flumine"* — *Pange lingua).*

Perspectivas escatológicas

75. O recebimento da redenção na vida presente é fragmentado e incompleto. Temos as primícias do Espírito, mas ainda gememos com toda a criação, "esperando a adoção, a libertação para o nosso corpo. Pois nós fomos salvos, mas o fomos em esperança. Ora, ver o que se espera não é mais esperar: o que se vê, como ainda esperá-lo? Mas esperar o que não vemos é aguardá-lo com perseverança" (Rm 8,23-25).

76. Embora os fiéis cristãos recebam o perdão dos pecados e a infusão da graça, de maneira que o pecado não reine mais neles,[153] suas tendências pecaminosas não são totalmente vencidas. As marcas do pecado, inclusive o sofrimento e a morte, permanecerão até o final dos tempos. Aqueles que modelam suas vidas de acordo com a de Cristo na fé têm a garantia de que, por meio de sua própria morte, receberão uma participação definitiva na vitória do Salvador ressuscitado.

---

152. Ap 21,1; cf. Is 65,17; 66,22.
153. Rm 5,21; cf. 8,2.

77. Os cristãos devem combater constantemente a presença do mal e do sofrimento, manifestada de tantas maneiras no mundo e na sociedade, promovendo a justiça, a paz e o amor, numa tentativa de garantir a felicidade e o bem-estar de todos.

78. A redenção tornar-se-á completa apenas quando Cristo reaparecer para estabelecer seu Reino final. Então, ele apresentará ao Pai os frutos duráveis de sua luta. Os abençoados no céu compartilharão da glória da nova criação. A presença divina manifestar-se-á em toda realidade criada; todas as coisas brilharão com o esplendor do Eterno, de forma que "Deus seja tudo em todos" (1Cor 15,28).

DISTRIBUIDORES DE EDIÇÕES LOYOLA

Acre
M. M. PAIM REPRESENTAÇÃO E COMÉRCIO
Rua Rio Branco do Sul, 331
69908-340 **Rio Branco, AC** - ✆ (068) 224-3432

Bahia
DISTR. BAIANA DE LIVROS COM. E REPR. LTDA
Rua Clóvis Spínola, 40 - Orixás Center - loja II
Pav. A - 40080-240 **Salvador, BA**
✆ /Fax: (071) 329-1089

LIVRARIA E DISTRIBUIDORA MALDONADO LTDA.
Rua Direita da Piedade, 203
Bairro Piedade - 40070-190 **Salvador, BA**
✆ (071) 321-4024

EDITORA VOZES LTDA
Rua Carlos Gomes, 698A - Conj. Bela Center - loja 2
40060-330 **Salvador, BA**
✆ (071) 322-8666/ Fax: (071) 322-8666

PAULINAS
Av. 7 de Setembro, 680 - São Pedro
40110-001 **Salvador, BA**
✆ (071) 243-2477/ 243-2805/ Fax: (071) 321-5133

Brasília
EDITORA VOZES LTDA.
CRL/Norte - Q. 704 - Bloco A n. 15
70730-731 **Brasília, DF**
✆ (061) 223-2436/ Fax: (061) 223-2282

LETRAS E LÁPIS
SCS Quadra 01 Bloco D loja 11 Ed. JK
70350-731 **Brasília, DF**
✆ : (061)223-2684 — Fax: (061) 323-5414

PAULINAS
Bl. C - Lojas 18/22 - SCS - Q. 05
70300-909 **Brasília, DF**
✆ (061) 225-9595/ 225-9664/ 225-9219
Fax: (061) 225-9219

Ceará
EDITORA VOZES LTDA.
Rua Major Facundo, 730 - 60025-100 **Fortaleza, CE**
✆ (085) 231-9321/ Fax: (085) 221-4238

PAULINAS
Rua Major Facundo, 332 - 60025-100 **Fortaleza, CE**
✆ (085) 226-7544/ 226-7398/ Fax: (085) 226-9930

Espírito Santo
"A EDIÇÃO" LIVRARIA E DISTRIBUIDORA
Av. Vitória, 787 - Forte São João
29010-480 **Vitória, ES** - ✆ (027) 223-4777/222-4650
Fax: 223-5690

PAULINAS
Rua Barão de Itapemirim, 216 - 29010-060 **Vitória, ES**
✆ (027) 223-1318/ Fax: (027) 222-3532

Goiás
EDITORA VOZES LTDA.
Rua 3 n. 291 - 74023-010 **Goiânia, GO**
✆ / Fax: (062) 225-3077

LETRAS E LÁPIS
Rua 03 n. 288 — Centro
✆ / Fax: (062) 224-0905 - 70306-900 **Goiânia, GO**

LIVRARIA EDIT. CULTURA GOIÂNA LTDA
Av. Araguaia, 300 - 74030-100 **Goiânia, GO**
✆ (062) 229-0555/ Fax: (062) 223-1652

Maranhão
PAULINAS
Rua de Santana, 499 - Centro - 65015-440 **São Luís, MA**
✆ (098) 221-5026/ Fax: (098) 232-2692

Mato Grosso
MARCHI LIVRARIA E DISTRIBUIDORA LTDA.
Av. Getúlio Vargas, 381 - Centro
78005-600 **Cuiabá, MT**
✆ (065) 322-6809 e 322-6967/ Fax: (065) 322-3350

Minas Gerais
EDITORA VOZES LTDA.
Rua Mármore, 326 - 31010-220 **Belo Horizonte, MG**
✆ (031) 461-1157

EDITORA VOZES LTDA.
Rua Espírito Santo, 963 - 36010-041 **Juiz de Fora, MG**
✆ / Fax: (032) 215-8061

ACAIACA DISTR. DE LIVROS LTDA.
Rua Itajubá, 2125 - 31035-540 **Belo Horizonte, MG**
✆ (031) 481-1910

ACAIACA DISTR. DE LIVROS LTDA.
Rua 129, nº 384 - Sta. Maria - 35180-000 **Timóteo, MG**
✆ / Fax: (031) 848-3225

ACAIACA DISTR. DE LIVROS LTDA.
Rua João Lustosa, 15/201 - Lourdes
36070-720 — **Juiz de Fora**, MG - ✆ / Fax: (032) 235-2780

PAULINAS
Av. Afonso Pena, 2.142 - 30130-007 **Belo Horizonte, MG**
✆ (031) 261-6623/ 261-7236 / Fax: (031) 261-3384

PAULINAS
Rua Curitiba, 870 - 30170-120 **Belo Horizonte, MG**
✆ (031) 224-2832/ Fax (031) 261-3384

PAULINAS
Rua Januária, 552 - 31110-060 **Belo Horizonte, MG**
✆ (031) 444-4400/ Fax: (031) 444-7894

Pará
PAULINAS
Rua Santo Antonio, 278 - Bairro do Comércio
66010-090 **Belém, PA**
✆ (091) 241-3607/ 241-4845/ Fax: (091) 224-3482

Paraná
EDITORA VOZES LTDA
Rua Dr. Faivre, 1271 - Centro - 80060-140 **Curitiba, PR**
✆ (041) 264-9112/ Fax: (041) 264-9695

EDITORA VOZES
Rua Voluntários da Pátria. 41 - centro
80020-000 **Curitiba, PR** - ✆ (041) 233-1570

EDITORA VOZES LTDA.
Rua Piauí, 72 - Loja 1 - 86010-390 **Londrina, PR**
✆ / Fax: (043) 337-3129

A LORENZET DISTRIB. E COM. DE LIVROS LTDA.
Av. São José, 587 loja 03 - 80050-350 **Curitiba, PR**
✆ (041) 262-8992

EXPRESSÃO CULTURAL LIVR. E PAPELARIA
Rua Alfredo Bufreu, 139 loja 05 - Centro
80020-000 **Curitiba, PR** - ✆ / Fax: (041) 224-2994

PAULINAS
Rua Voluntários da Pátria, 225 - 80020-000 **Curitiba**, PR
✆ (041) 224-8550/ Fax: (041) 226-1450

PAULINAS
Av. Getúlio Vargas, 276 - 87013-130 **Maringá**, PR
✆ (044) 226-3536/ Fax: (044) 226-4250

Pernambuco, Paraíba, Alagoas, R. G. do Norte e Sergipe
EDITORA VOZES LTDA.
Rua do Príncipe, 482 - Boa Vista - 50050-410 **Recife**, PE
✆ (081) 221-4100/ Fax: (081) 221-4180

PAULINAS
Rua Joaquim Távora Alegria, 71 - 57020-320 **Maceió**, AL
✆ (082) 326-2575/ Fax: (082) 326-6561

PAULINAS
Av. Norte, 3.892 - 52110-210 **Recife**, PE
✆ (081)441-6144/ FAX (081) 441-5340

PAULINAS
Rua Frei Caneca, 59 - Loja 1 - 50010-120 **Recife**, PE
✆ (081) 224-5812/ 224-5609/ Fax: (081) 224-9028

PAULINAS
Rua Felipe Camarão, 649 - 59025-200 **Natal**, RN
✆ (084) 212-2184/ Fax: (084) 212-1846

R. G. do Sul
EDITORA VOZES LTDA.
Rua Riachuelo, 1280 - 90010-273 **Porto Alegre**, RS
✆ (051) 226-3911/ Fax: (051) 226-3710

EDITORA VOZES LTDA.
Rua Joaquim Nabuco, 543
93310-002 **Novo Hamburgo**, RS - ✆ / Fax: (051) 593-8143

ECO LIVRARIA E DIST. DE LIVROS
Rua Cel. Ilário Pereira Fortes, 138/202 – Camaquã
91920-220 **Porto Alegre**, RS
✆ (051) 485-2417/ 241-2287

PAULINAS
Rua dos Andradas, 1.212 - 90020-008 **Porto Alegre**, RS
✆ (051) 221-0422/ Fax: (051) 224-4354

Rio de Janeiro
ZÉLIO BICALHO PORTUGAL CIA. LTDA
Av. Presidente Vargas, 502 - 17° andar
20071-000 **Rio de Janeiro**, RJ
✆ / Fax: (021) 233-4295/ 263-4280

EDITORA VOZES LTDA
Rua Senador Dantas, 118-I
20031-201 **Rio de Janeiro**, RJ - ✆ / Fax: (021) 220-6445

EDITORA VOZES LTDA
Rua Frei Luís, 100
Cx. Postal 90023 - 25685-020 **Petrópolis**, RJ
✆ (0242) 43-5112/ Fax: (0242) 42-0692

PAULINAS
Rua 7 de Setembro, 81-A - 20050-005 **Rio de Janeiro**, RJ
✆ (021) 224-3486/ Fax: (021) 224-1889

PAULINAS
Rua Doutor Borman, 33 - Rink - 24020-320 **Niterói**, RJ
✆ (021) 717-7231/ Fax: (021) 717-7353

Rondônia
PAULINAS
Rua Dom Pedro II, 864 - 78900-010 **Porto Velho**, RO
✆ (069) 223-2363/ Fax: (069) 224-1361

São Paulo
DISTRIBUIDORA LOYOLA DE LIVROS LTDA
Rua Senador Feijó, 120 - 01006-000 **São Paulo**, SP
✆ / Fax: (011) 232-0449/ 287-0688

DISTRIBUIDORA LOYOLA DE LIVROS LTDA.
Rua Barão de Itapetininga, 246
01042-000 **São Paulo**, SP - ✆ (011) 256-8073

DISTRIBUIDORA LOYOLA DE LIVROS LTDA.
Rua Quintino Bocaiúva, 234 - centro
01004-010 **São Paulo**, SP

EDITORA VOZES LTDA.
Rua Senador Feijó, 168 - 01006-000 **São Paulo**, SP
✆ (011) 605-7144/ Fax: (011) 607-7948

EDITORA VOZES LTDA
Rua Haddock Lobo, 360 - 01414-000 **São Paulo**, SP
✆ (011) 256-0611/ 256-2831/ Fax: (011) 258-2841

EDITORA VOZES LTDA
Av. Rodriguez Alves, 10-37 - 17015-002 **Bauru**, SP
✆ / Fax: (0142) 34-2044

EDITORA VOZES LTDA.
Rua Barão de Jaguara, 1164/1166
13015-002 **Campinas**, SP
✆ (0192) 31-1323/ Fax: (0192) 34-9316

PAULINAS
Rua Domingos de Morais, 660 - 04010-100 **São Paulo**, SP
✆ (011) 549-9777 - R. 213/ 214/ Fax: (011) 549-9772

PAULINAS
Rua 15 de Novembro, 71 - 01013-001 **São Paulo**, SP
✆ (011) 606-4418/ 606-0602/ 606-3535/ Fax: (011) 606-3535

PAULINAS
Via Raposo Tavares, km 19,5 - 05577-200 **São Paulo**, SP
✆ (011) 810-1444/ Fax: (011) 810-0972

PAULINAS
Av. Marechal Tito, 981 - São Miguel Paulista
08020-090 **São Paulo**, SP - ✆ (011) 956-0162

Sergipe
LIVRARIA KYRIE
Av. Augusto Maynard, 543 49015-380 **Aracaju**, SE
✆ (079) 224-6279/ Fax: (079) 224-5837

Portugal
MULTINOVA UNIÃO LIV. CULTURAL
Av. Santa Joana Princesa, 12 E – 1700 **Lisboa**, Portugal
Fax: 848-3436/ 88-3365

LIVRARIA LER LTDA
Rua 4 de infantaria, 18-18A – 1350 **Lisboa**, Portugal
Tel.: 388-8371/ 60-6996/ Fax: 395-3471

Se o(a) senhor(a) não encontrar este ou qualquer um de nossos títulos em sua livraria preferida ou em nosso distribuidor, faça o pedido por reembolso postal diretamente a:

Edições Loyola
Rua 1822 nº 347 – Ipiranga – 04216-000 São Paulo, SP
C.P. 42.335 - 04299-970 São Paulo, SP / ✆ (011) 6914-1922/ Fax: (011) 63-427
Home page: www.ecof.org.br/loyola
e-mail: loyola@ibm.net